江戸東京透視図絵

文▼跡部蛮　絵▼瀬知エリカ

五月書房新社

JN212869

はじめに

もしタイムマシンがあったら、みなさんはいつの時代に行き、歴史上のどの人物に会ってみたいと思うだろうか。

そう問われたら、筆者は真っ先に淀殿の名前を挙げる。ご存知、天下人・豊臣秀吉の子、秀頼を生んだ女性だ。彼女に会ったら是が非とも聞いてみたいことがあるからだ。

「失礼を承知でうかがいます。秀頼君は本当に太閤殿下（秀吉）のお子なのでしょうか？」

もちろん本当のことをいうかどうかは分からない。そのたずねたときの淀殿の表情の変化を一つも漏らすことなく記憶し、手打ちになる前にいまの時代へもどってくる――。

「淀殿の頬がピクッとひきつっていたな！」

歴史作家・歴史研究家という仕事柄、文献史料を読みこみ、そこから実証的に結論を導き出さないといけないのだが、ときおり、そんな〝空想〟をしてしまう。

空想といえば、筆者が主宰する町歩きの会でもそう。江戸切絵図という古地図を持って歩きながら（詳細は本文参照）、いまでは何の変哲もない住宅街であっても江戸時代にそこが火付け盗賊改め方同心らの組屋敷であったりしたら、住宅の玄関扉から同心がふと出てくるシーンを想像してしまう。いや、もうここまできたら妄想だと分かっている。

それでも、歴史上の事件や名シーンの現場を歩いていると、歴史の目撃

者になりたい衝動を抑えられない。旧江戸城（皇居）桜田門の警視庁本庁前の交差点を歩きつつ、目の前で幕府の大老井伊直弼《なおすけ》が水戸浪士らに討たれるシーンを頭に思い浮かべることもある。安政の大獄という思想弾圧事件を断行した井伊大老への恨みを爆発させた事件だ。「あの追越車線のあたりで、薩摩藩からただ一人襲撃に加わった有村次左衛門が井伊の首級を……」などと思いふけりながらパシャパシャと写真を撮っていると、背後の警視庁のビルから不審者を警戒する強い視線を感じて、そそくさと立ち去ったりもするが。

時空を超え、現代の光景と歴史上の事件や名シーンがクロスオーバーする。名所旧跡を巡る楽しみはもちろんのこと、そんな妄想をふくらませながら歩くのも町歩きの楽しみの一つだと思っている。そんな筆者に、

「町歩きの本をつくりましょう。でも、単なる町歩きの本ではありません。町を歩きながら、歴史上の事件を〝透かし見る〟という企画です」

という誘いを受けた。

「透かし見る？」

「そうです。昔そこであった事件や出来事のワンシーンをイラストレーターに描いてもらい、現実の写真と重ね合わせるんです。つまり、町の至る所に昔を透かし見るカーテンのようなものがあると考えてください」

「それってつまり、〝時をかけるカーテン〟ですね。そのカーテンがタイムマシンの役割を果たしてくれるんですね！」

「まあ、そんなところでしょうか……」

「やります、やります。ぜひ書かせてください！」

という話になって誕生したのが本書である。

舞台は江戸。時代は平安時代から明治維新後の大正時代まで。十二のシーンを厳選し、透かし見た。

もちろん、そのためには現場の正確な情報がいる。

桜田門外の変なら、晩春の季節にしてはめずらしく、その日は朝から牡丹雪が降りしきり、その雪に視界が遮られて二メートル先も見えない悪天候だったことが関係する史料から掴めてくる。しかも、その日は三月三日、上巳《じょうし》の節句（いわゆる雛祭り）。そのお祝いに井伊大老をはじめ、大名が行列を組んで登城する。当時、登城日の大名行列見学がブームになっていて、計十八名の水戸浪士らは見学の群衆にうまく紛れこみ、井伊の登城を待ちかまえていた。群衆をあてにして小屋掛けの屋台が江戸城の堀端に出ていて、浪士たちの中には、屋台でおでんをつまみ、燗酒で体を温める者までいたと記録は伝えている。

井伊が供回りの侍二十六人のほか、足軽・草履取・駕籠舁《かき》ら総勢六十余名を従え、井伊藩邸を発ったのが五つ半（午前九時）ごろ。行列が杵築藩邸（現在の警視庁）前に差しかかったとき、群衆の中から駕籠訴《かごそ》を装い、浪士の一人が行列に近づいた。井伊側の先頭の侍が浪士に近づこうとすると、浪士がその彦根藩士に斬りかかった。こうして桜田門外の変の幕が開く……。

本書では桜田門外の変を取り扱わなかったため、この序文でわずかながら触れてみたが、本書が取り扱う十二のシーンは、以上のように歴史読み物としても楽しんでいただけるよう工夫したつもりである。また、歴史上の事件や出来事についての筆者独自の解釈もできるだけ取り入れさせていただいた。

もちろん本書は、ジャンルとしては町歩き本に分類されるだろう。実際に江戸切絵図などの古地図を配し、既存本のような町歩きガイドとして使っていただくこともできると思う。

しかし、読者のみなさんには本書を持って現場へ出かけていただき、ぜひとも、歴史の目撃者になってもらいたい。そんな思いで書き下ろした。

跡部　蛮

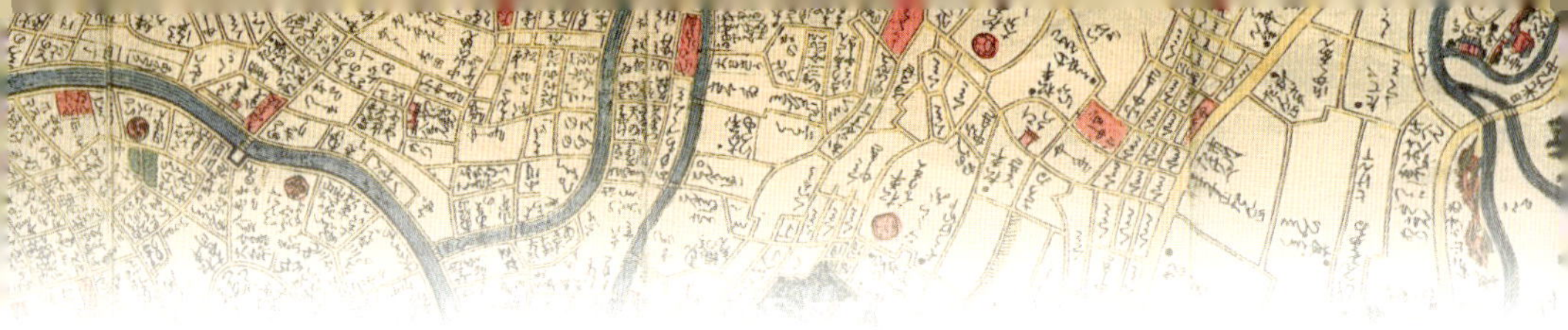

目次

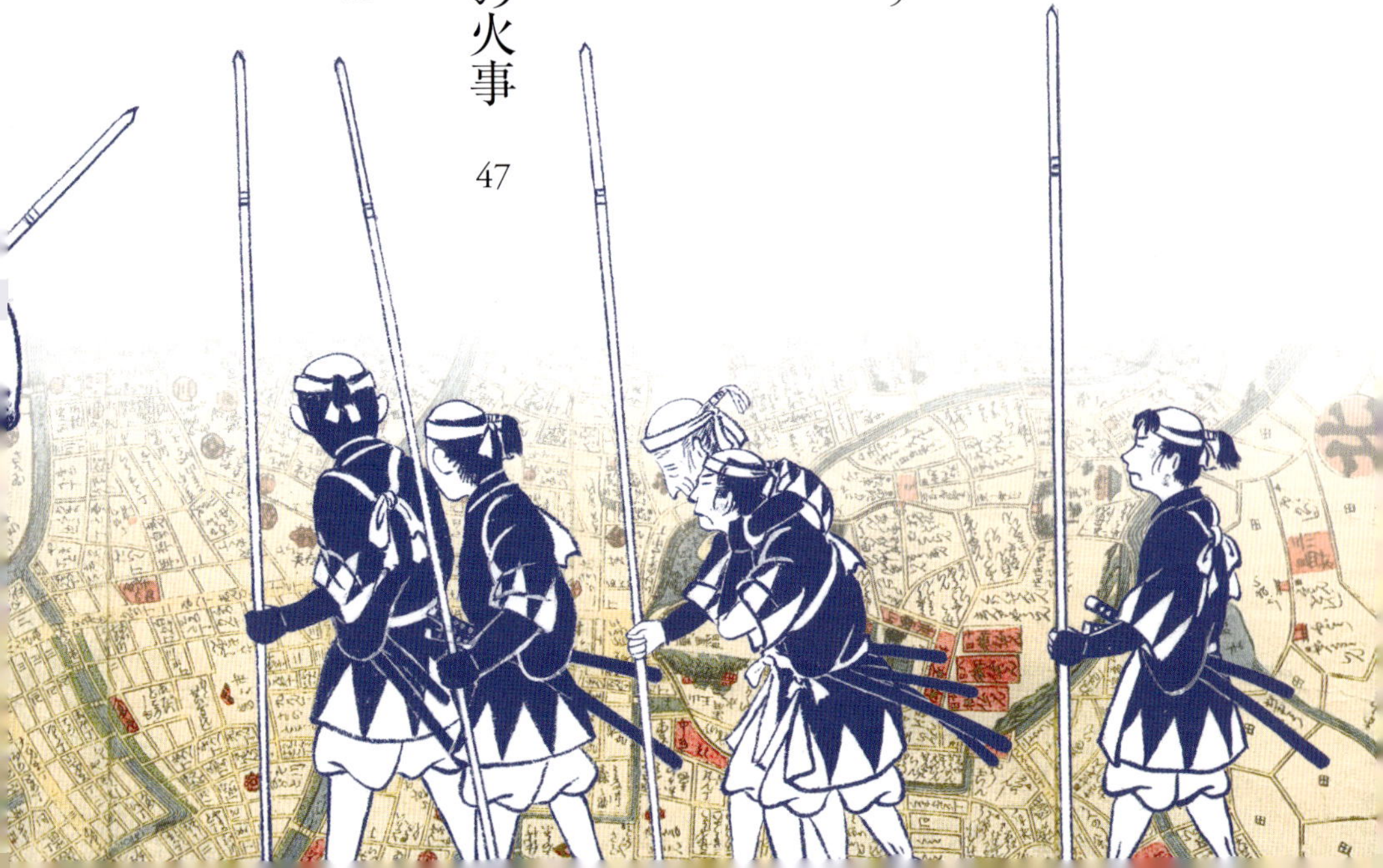

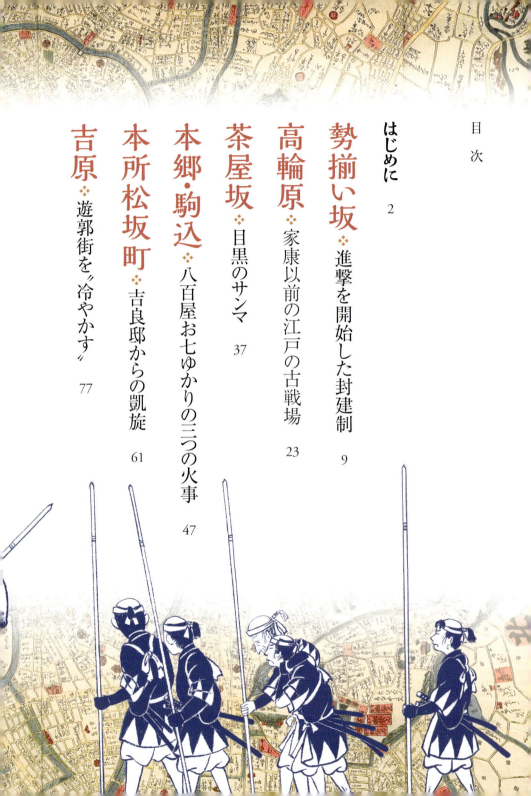

協力……味の素株式会社
読売新聞社
明治大学博物館
紙久図や京極堂

装幀・エディトリアルデザイン……山田英春
地図・特設サイト作成……石井裕一（三月社）
写真撮影……大杉輝次郎
企画・編集・DTP……片岡　力

勢揃い坂 ❖ 進撃を開始した封建制

平安の昔、源義家が関東武士を勢揃いさせた坂道は、「青山キラー通り」と名を変えた古えの鎌倉街道。新国立競技場を望む古道で往時の歴史を紐解いてゆくと、そこが封建制の誕生という日本史上の画期をなす場所だと気づかされる。

世界の国から、関八州から、アスリートと武士が勢揃い

ＪＲ中央線・千駄ケ谷駅の改札を左へ進み、東京体育館をまわりこむと外苑西通りへでる。すぐ目の前に、いまでは完成しつつある東京オリンピックのメインスタジアム（新国立競技場）が巨大な姿を現しつつあった。

巨大なクレーンのアームが数基、スタジアム上層に組み上げた足場越しに内部を覗きこんでいる。まるで外科医が数人、オペする患者の体内を真摯な眼差しでみつめているようにも見える。この原稿を書いているいま（二〇一八年六月現在）、新国立競技場の建設は正念場を迎えている。最難関とされる屋根工事のうち、根幹の鉄骨部分の建設に入っているからだ。

スタジアムは二〇一九年十一月に完成し、翌二〇二〇年七月二十四日に開会式がおこなわれる。その日そこには、世界のトップアスリートのほか、国際オリンピック委員会や各競技団体の関係者はもちろん、世界中から大勢の人たちが勢揃いする。

その建設中の新国立競技場のほんの三百メートルほど先に、いまからさかのぼること九百三十余年前、関八州、すなわち関東一円から武士た

ちが勢揃いしていた。

　建設現場と外苑西通りの歩道を仕切る白いフェンスが尽きたあたり。「霞ヶ丘団地」の交差点を左に折れ、つきあたりを右に曲がる。外苑西通りの一本東側を走る道だ。ただ、大型トラックが一台ギリギリ通れるかどうかの道幅しかない。この道、勢揃い坂（別名・源氏坂）という。ダラダラとゆるやかに上る坂道だ。

　この坂道に入ってすぐ、また白いフェンスが左手に現れた。マンションの建て替え工事現場だ。完成は二〇二〇年五月。やはり、オリンピックにあわせた工事なのだろう。ニュースで聞く〝オリンピック景気〟を肌で感じる。ふたたび白いフェンスが途切れると「國學院高等学校」の勢揃坂門。校門を通りすぎてすぐ右手に、めざす寺があった。

古碧山龍《りゅう》厳《がん》禅《ぜん》寺《じ》（渋谷区神宮前）。一般には龍厳（岩）寺という。幕末の江戸切絵図にもその名で記載されている。寛永七年（一六三〇年）に創建された禅宗（臨済宗）寺院だ。ここに目当てのものがある。勢揃い坂から少し引っこんだところに古風な山門が建っている。だが、その山門は閉ざされ、「檀信徒以外お断り」という表札がかかっていた。境内は一般公開されていないようだ。
　かといって、ここまで来て引き返

A 写真の右側のゆるい上り坂が勢揃い坂の上り口

すわけにもいかない。門前で呼びかけたが、応じる声はない。近くに巨大な構造物（新国立競技場）の建築が進んでいるというのに、あたりは、ひっそり静まりかえっている。意を決して、脇の木戸を開ける。鍵はかかっていない。

　山門から先は手入れの行き届いた参道がつづいていた。お堂の近くで作務衣《さむえ》姿の女性を見つけ、声をかけた。まず、無断で立ち入ったことを詫び、趣旨を告げる。

「取材ですか？……」

　しばらく迷っている様子だったが、

「写真はご遠慮いただきたいんですが、それでよければ……」

　といって取材の許可をいただいた。たしかに、この寺の境内には歴史的に価値のあるものがいくつかある。貴重な文化財を守ってゆく立場の寺としては、境内を公開して踏み荒らされたくないのだろう。その気持ちはよく分かる。それでも、

「こちらです」

　といって快く案内していただいた。

　春もやや
　　けしきととのふ
　　　月と梅

　松尾芭蕉の句碑があった。その句碑の上半分が不自然に剥ぎ取られている。

Ⓑ 勢揃い坂から建設中のオリンピックスタジアムを眺める

国學院高校の「勢揃門」

「戦時中、近くに旧日本軍の連隊本部がありましたでしょう。ですから（アメリカ軍による）空襲が酷くて……。爆風で上半分が吹き飛んでしまったんです」

いや、近いどころの話ではない。前述した國學院高校の敷地にかつて近衛歩兵第四連隊の兵営があった。句碑は芭蕉という名を飛び越え、いまでは戦争の悲惨さを物語る史跡になっているといえよう。しかし、筆者が見たかったのは芭蕉の句碑ではない。目当てのものは句碑の少し右手にあった。

「これがそうです」

　といわれなければ見逃していただろう。石の表面だけが土の中から、もっこり顔をだしている。大部分は地中に埋まったままだ。

「戦時中、こちらは空襲から守るため、地中に埋めたと聞いています」

　通称「腰掛石」。後三年の役（一〇八三〜八七年）の際、源義家がこの石に腰かけたと伝わっている。義家は奥州出陣に際してここで関八州の軍勢を集めた。つまり、勢揃いさせた。だから、龍厳寺の門前の道を勢揃い坂というのである。のちにすべての武門の尊崇を集める八幡太郎こと源義家がこの石に腰かけ、坂東武士が勢揃いしたのを確認するや、颯《さっ》爽《そう》と立ち上がり、

「みなの者、いざ、出陣ぞ！」

と采配を振る。

　筆者はそんなシーンを透かし見たかったのである。本書のテーマは、歴史上の印象深いシーンを透かし見ること。采配を振る義家と勢揃いした坂東武士。そのシーンと組み合わせた写真のバックには、世界中からトップアスリートたちが勢揃いする建設中の新国立競技場が映っている……そんな構図を頭に描いていたのだが……。

勢揃い坂は「封建制発祥の地」か？

　写真撮影ＮＧだから諦めるしかない。それでも、出陣した義家と坂東武士が奥州へ向け、勢揃い坂を行軍するシーンは描けるはずだ。作務衣姿の女性に礼を述べ、門前へとって返す。

　筆者が勢揃い坂にこだわる理由。それは、ここが日本の封建的主従関係発祥の地だと固く信じているからだ。

　封建制が「御恩」と「奉公」にもとづく主従関係を基本にしているのはいうまでもないこと。幕末までつづく「武士の世の中」のオーソライズされた概念であった。

　ではどうして、勢揃い坂が封建的主従関係発祥の地だといえるのか。順を追ってご説明したい。

　まずは、『陸奥話記《むつわき》』に「驍勇《ぎょうゆう》絶倫」「騎射神ごとし」と称えられる義家の簡単なプロフィールから。八幡宮（石清水八幡宮）で元服したから八幡太郎と称したとされる。生年は不詳だが、いちおう長暦《ちょうりゃく》三年（一〇三九年）生まれということになって

いる。

武門としての血筋はすこぶるいい。父・源頼義は河内源氏（清和源氏）の嫡流で、そのころ、坂東の平氏を束ねていた平直方《なおかた》（桓武平氏）に乞われて婿となり、鎌倉に屋敷をかまえていた。つまり義家は、清和源氏の父と桓武平氏の母をもち、その嫡男として生まれている。この世に誕生した瞬間から、武門のサラブレッドとして、のちに多くの伝説を生む素地ができていたといえる。

義家は十三歳で前九年の役（一〇五一～六二年）に従軍した。義家の父頼義は陸奥守と鎮守府将軍を兼ね、俘囚《ふしゆう》（ヤマト朝廷に帰順した蝦夷《えみし》のこと）の長とされる安倍頼時と陸奥の在庁《ざいちよう》官人《かんじん》（都から地方へ下った在地の高級官僚）との争いに目をつけた。

安倍頼時は陸奥六郡に勢力を張り、国への貢租を怠っていたとされる。頼義の狙いは、安倍一族が支配する奥州の富。奥州は武士の必需品である駿馬などの産地だ。頼時はいったん陸奥守の頼義に帰順するものの、その後、ふたたび叛《そむ》いた。そこで頼義が坂東武士を動員し、その反乱を鎮めた。それが前九年の役である。このとき頼義は朝廷より追討の官符をえている。つまり、頼義の軍勢は官軍だった。

戦役の終盤、衣川《ころもがわ》の合戦（岩手県平泉付近）において、義家が頼時のせがれ安倍貞任《さだとう》との間で歌を交わした逸話は有名だ。敗走する貞任を追った義家が弓で射ようとした。そのとき義家が「衣のたては綻びにけり」と和歌の下の句を唱えると、貞任は「年を経《へ》し糸の乱れの苦しさに」と上の句をつけた。その優雅さに免じ、義家は貞任を逃がしたという。悠長な話である。

むろん、史実ではない。『古今著聞集《ここんちよもんしゆう》』という鎌倉時代の説話集に記載されている話だが、いまでは、和歌の好事家《こうずか》が両者に託してこのような説話を生み出したという結論に落ち着いている。

義家が三十七歳のときに父頼義は他界。こののち、ふたたび奥州で争乱が起きる。これが後三年の役である。

ここで、前九年と後三年というネーミングについて余談を一つ。奥州の争乱を前半と後半にわけ、前半が九年、後半が三年あったというのが一般的な理解だ。ただし、厳密には前半が十一年、後半が四年ある。年数があわない。

もともと前九年の役は「奥州十二

年合戦」と呼ばれ、足かけ十二年に及ぶ争乱と考えられていた。ところが、『保元物語』が前半を「前九年の合戦」とし、後半を「後三年の合戦」と呼んだ。そこへ、そのあと成立した『平家物語』がミスを犯し、のちの世の人たちは「なるほどそうか」と思いこんでしまった。つまり、『平家物語』は、両役の合計が奥州十二年合戦のことだと勘違いした節がある。こうして前九年の争乱を「奥州十二年合戦」と呼んでいたことが忘れさられ、「前九年」＋「後三年」＝十二という誰でも理解できる解釈が定着してしまったのだろう。

やや説明が長くなってしまった。話を後三年の役と義家にもどそう。

〝武士の初代棟梁〟の誕生

ふたたび奥州で争乱が起きた原因は、安倍一族と同じく俘囚の長とされる清原一族の内紛にあった。清原真衡《さねひら》と清衡《きよひら》（のちに藤原清衡と称す奥州藤原氏の祖）、家衡《いえひら》の三兄弟のうち、まず、異父同母の兄弟、次男清衡と三男家衡が組んで兄の真衡と争った。父頼義につづいて、陸奥守と鎮守府将軍を兼ねた義家がこの調停に乗り出し、いったん争いはおさまったかに思えた。しかし、こんどは次男の清衡と三男の家衡が争い、次男の清衡が義家に援護を申し入れた。陸奥守という立場からすると、いずれに味方するのも避けなければならないが、義家は奥州の利権に目が眩《くら》んだ。こうして家衡の金沢

勢揃坂の説明板

城（秋田県横田市）が落城するまで争乱がつづいた。

この役において、勿来《なこそ》の関《せき》（所在不明）で義家が詠んだ歌も有名だ。義家は「吹く風を　なこその関と思へども　道もせにちる　山桜かな」と情感たっぷりに謳ったことになっており、源平争乱期の勅撰和歌集（『千載集《せんざいしゅう》』）に収められているが、もともとは作者不明であったという。ところが、撰者《せんじゃ》の藤原俊成は、藤原泰衡《やすひら》（清衡の曾孫）を攻め滅ぼうとする源頼朝と義家をダブらせ（実際に頼朝は義家の玄孫《やしゃご》にあたる）、この歌の作者を義家のものにしたともいわれている。

また、義家が、雁が列を乱して四方に飛び散るところを見て、敵方の伏兵をみごと見破るという逸話も残っているが、これまた、脚色された話とされる。

このように、どうしてすべての逸話が「義家」にむすびつけられるのだろうか。いくら義家の強さと勇気が絶倫で、馬上弓を射ること神のようだと称えられていたとしても、義家は幕府を開いたわけでも、武士の世を開いたわけでもない。

前九年の役では、父頼義は朝廷の官符をもらい、官軍として安倍一族を滅ぼした。もちろん、頼義の時代にも、武士と棟梁の間に、「御恩」と「奉公」という封建的主従関係はむすばれていたが、関東の武士たちも、奥州まで遠征するとなると「話はちがう」と思ったことだろう。時代的にみて、まだそこまで強固な主従関係が確立していたとは思えない。頼義の場合、朝廷の安倍一族追討令をいわば〝錦の御旗〟に武士を動員していたといえる。

ところが、義家は清原一族の内紛へ勝手に介入した。したがって朝廷や貴族はこの争乱を、義家が利権拡大を狙った「私戦」とみていた。逆にいうと、その「私戦」に相模国を中心とした関東武士団を〝勢揃い〟させているのである。

義家が父とともに前九年の役を終えて都へ凱旋したとき、すでに二十四歳の青年武将に成長していた。安倍一族を討った青年武将の名声は一気にあがる。〝若きプリンス〟が人

気のバロメーターの一つであることは、昔もいまも変わりはないはず。しかも義家は「驕勇絶倫」と評される。実際の義家がどうかというよりも、こういう話は印象が大事。かつ、義家は下野守時代にも賊を平らげる功績をあげている。

関東武士の目に頼れる棟梁と映ったのは間違いなかろう。だからこそ、〝錦の御旗〟があろうがなかろうが、それが「私戦」であろうがなかろうが、日ごろの「御恩」に報いるため、彼らは馳せ参じた。ある意味、義家は確固たる主従関係を築き上げた〝武士の初代棟梁〟といえるかもしれない。

その義家が陸奥守兼鎮守府将軍に任じられ、赴任先の奥州へ向かうため、勢揃い坂を発《た》ったわけだが、すでに清原氏の内訌《ないこう》が勃発していたからこその赴任であったろう。義家はすでに内紛に介入、すなわち「私戦」の意思を固めていたはずだ。もとより、義家の家人となった関東武士たちもそれが分かっていての従軍だったであろう。

義家にまつわる説話は『古今著聞集』をはじめ、鎌倉時代に書かれている。義家が〝神話化〟された時代だ。源氏が鎌倉に政権を築いた当時、〝武士の初代棟梁〟となった義家に、武士たちの尊崇が集まったのは不思議でも何でもなかったのである。

都心を縦断する「鎌倉街道中道《なかつみち》」

ともあれ、相模国を中心とする関東武士たちは、義家の「御恩」に報いるため、勢揃い坂に集結した。それでは透かし見てみよう（20～21ページ）。

龍巌寺付近の勢揃い坂だ。九月半ばに奥州へ赴任しているから、勢揃い坂を発ったのは九月初めごろだろうか。現在の九月はまだ厳しい残暑が残る季節だが、当時は旧暦。秋が深まるころだ。義家と郎党、さらには各地から馳せ参じた武士たちが源氏の白旗をかかげ、勢揃い坂を粛々と北へと向かう。出陣したばかりの図だ。

一方、あたりの地形をみると、台地状の土地が西へ、渋谷川の流路（いまは暗渠）にあたる外苑西通りへかけて段々に落ちこむ地形。勢揃い坂を下るにつれて、外苑西通りとの高低差は少しずつなくなってゆく。

つまり、勢揃い坂は段丘状の要害

の地でありながら、まずまず土地は広く、坂道もいわゆるダラダラ。軍勢を終結させるには適していたのだろう。

　龍厳寺門前に、高台になっているところがある。そこへあがってみよう。いまは渋谷区立新宮前公園になっている。坂より高所にあるぶん、勢揃い坂や龍厳寺をバッチリ、俯瞰できる。彼らの晴れの舞台を見るには、最適な〝観客席〟といえる。その武士たちの行く手には、観客席がほぼ組み上がっている新国立競技場が望める。つまり、義家たちは、筆者がその建設現場からここまで歩いてきたルートを逆に進んでいくことになる。

旧鎌倉街道を示すプレート

　義家の軍勢はやがて、外苑西通りを越えてJR千駄ケ谷駅方面へ向かう。ただし、駅前には行かず、鳩森《はとのもり》八幡神社の前を通過することになる。都内最大の富士塚があることで知られる八幡神社だが、創建は一千年以上前とされる。だとしたら、義家が奥州征討へ出陣した当時、そこにあったのかもしれない。八幡太郎の名をいただき、かつ、のちに八幡大菩薩の権化とされる義家と〝八幡さま〟の社《やしろ》もまた絵になりそうだ。

　その後、軍勢は代々木方面から北上し、早稲田方面へ抜けていまの雑司ヶ谷《ぞうしがや》（豊島区）をさらに北へ。巣鴨（同）・岩淵（北区）をへて、岩槻（埼玉県）・古河（茨城県）・小山（栃木県）、そして白河関（福島県）を越える。

義家の軍勢が行軍する道、それは鎌倉街道。勢揃い坂の國學院高校記念館前の街路灯にこの道が「鎌倉街道」であると表記されている。鎌倉時代に、地方と鎌倉をむすぶ道が開かれ、総称してそう呼ばれている。

「いざ、鎌倉！」――。

将軍家への「奉公」のため、御家人らは何か火急の事態が生じると、その道を馬で駆け抜けた。

義家の時代はまだ頼朝が鎌倉に幕府を開く百余年前だが、義家はすでに鎌倉に坂東の拠点をもうけている。整備された道ではなかったにせよ、のちに鎌倉街道と呼ばれるルーツとなる道はあったはずだ。後世、徳川家康が江戸へ入府し、五街道を整備したが、すべて新しい道を造ったわけではない。たとえば、奥州街道。この道は中世の鎌倉街道である「奥《おくの》大道《だいどう》」を下敷きにしている。

「勢揃坂」のプレートの下に「青山キラー通り」のフラッグが下がっている

鎌倉街道の幹線道は「上道《かみつみち》」「中《なかつ》道《みち》」「下道《しもつみち》」の三本あった。このうち上道は上野国方面から鎌倉へ至る道で、のちに上野国で挙兵した新田義貞がこの道を通って鎌倉を攻め、幕府を滅ぼしている。武蔵国、のちの東京に関係するのは中道と下道。いずれも都心を南から北へと縦断している。

中道は鎌倉から荏田《えだ》（横浜市）・二子玉川（世田谷区）をへて渋谷へ向かい、いまの金王《こんのう》八幡宮（渋谷区）の前を通って勢揃い坂、さらには前述した道筋で、奥大道へと通じていた。

21...........勢揃い坂 ❖ 進撃を開始した封建制

ところで、金王八幡宮である。その境内は、こんもりした丘の上にある。中世に渋谷城と呼ばれていたところだ。いまなお、そこが城だったことを偲ばせる遺構がいくつか残っている。その地の豪族であった渋谷氏（相模国高座郡渋谷荘を本拠としていた）が八幡宮を中心に城としていたから、金王八幡は初め、渋谷八幡と称していた。ところが渋谷一族に金王丸がでると、彼が平治の乱で平清盛に敗れた源義朝（頼朝の父）に郎党として仕え、その名が有名になったのち、金王丸の名が八幡宮に冠された。

　義家は奥州への赴任にあたり、鎌倉からまずその渋谷城へ入ったのち、勢揃坂で、相模国をはじめ坂東各地から軍勢が終結するのを待った。

　その勢揃い坂はいま、「青山キラー通り」（沿道に青山墓地があることなどから命名されたという）の一部となっている。ここが一千年ほども昔からつづく古道とは思えないほど、洒落《しゃれ》た店が通りを飾っている。東京オリンピックが開幕すると、世界の人々がここにやって来ることだろう。そう、ふたたびここに多くの人が勢揃いするのだ。

　そんなことを考えつつ、渋谷方面へ向かっていた筆者が不意に、

「そういえば――」

と疑問を抱いた。

「義家が軍勢を勢揃いさせるまで、この坂道は何と呼ばれていたのだろう？」

　帰宅後調べてみると、『豊島郡志』に、

「龍岩寺前小坂を勢揃坂と称す……」

とあって、そのあと、これまで述べてきたような内容が語られている。

「そうか、〝小坂〟か……」

　ゆるやかな坂道はまさに小さな坂といえる。後三年の役が勃発しなければ、この坂道は地味な名前のまま現在に至っていたのではないかと思うのであった。

高輪原 ❖ 家康以前の江戸の古戦場

太田道灌が築いた戦国時代の江戸城。その命運を賭けた合戦が「グランドプリンスホテル高輪」周辺であった。巧妙な戦術で勝利した北条氏綱はやがて関東の覇権を握るが、古戦場跡に立つ博物館で敗軍の将・上杉朝興の幻を見る……。

江戸城を築いた太田道灌にふりかかる悲劇

江戸城の合戦——というと、違和感を抱く読者もおられるだろう。

幕末、江戸城は無血開城され、戦禍を免れた。たしかに、徳川家康が築いた江戸城（千代田城）はいちども合戦の舞台とならず、明治後、皇居となった。

しかし、『戦国合戦大事典』（新人物往来社刊）をひもとくと、二六三ページに「江戸城の戦い」の項があって、

○北条氏綱×●上杉朝興
大永四年（一五二四）一月十三日
千代田区

との記載の後、その解説がつづいている。

江戸城の合戦は、高輪原《たかなわはら》の合戦とも呼ばれている。戦国武将の太田道灌が長禄元年（一四五七年）ごろに築いた江戸城の攻防をかけ、道灌の孫の時代に、いまの港区および品川区の高輪原と呼ばれる台地上で合戦がおこなわれた。相模国の小田原北条氏が武蔵国へ進出して勢力を広げる足がかりとなった合戦でもある。まずは、

「汗馬《かんば》東西に馳せちがい、追いつ返しつ、旌旗《せいき》（軍旗）南北に分かれて巻きつ巻かれつ、互いに

命を惜しまず七、八度」と『相州兵乱記』が先陣の激戦ぶりを伝える合戦へと至る歴史を振り返っておこう。

道灌は、南関東（相模・武蔵）を治める扇谷《おうぎがやつ》上杉家に家宰（重臣）として仕えた武将だ。

七歳のときに永享の乱（一四三八年）が起こり、関東以東で小幕府といえる権力を掌握していた鎌倉公方の足利持氏《もちうじ》が室町幕府六代将軍足利義教によって攻め滅ぼされた。ところが、その三年後の嘉吉元年（一四四一年）、将軍義教が暗殺されるや、幕府は大混乱に陥り（嘉吉の乱）、その混乱の渦中、持氏の遺児である足利成氏《しげうじ》が鎌倉公方として復権した。

やがて成氏は鎌倉公方の監視役である関東管領の山内上杉憲忠と対立し、成氏は憲忠を殺害して挙兵した。こうして、十年におよぶ大乱の幕が切って落とされた。〝関東の応仁の乱〟とも呼ばれる享徳の乱である。

ついでながら、上杉家について言及しておくと、初代将軍足利尊氏の生母の実家が上杉家。山内上杉家（鎌倉の山内に邸があったことからこう呼ばれる）がいちはやく関東に常駐し、のちに鎌倉評定衆として関東に下った扇谷家（鎌倉の扇谷に邸があった）も勢力を伸ばして、相模・武蔵に地盤を築いていた。

したがって、享徳の乱は鎌倉公方の成氏と山内・扇谷両上杉の抗争という構図で進展し、のちに成氏は鎌倉を追われ、下総古河（茨城県）に入って古河公方と称した。

当時、品川館にいた道灌がその北に江戸城を築いて居城するのは、古河公方軍が北関東を本拠にしており、北関東の彼らと戦うための拠点とするためであった。道灌が父道真に代わり、扇谷上杉の家宰として思う存分腕を振るうようになるのは文明五年（一四七三年）ごろ。上杉定正が扇谷上杉の家督を継いでからだ。道灌、四十二歳の働き盛りであった。

父道真もなかなかの武将だったが、道灌が家宰についてから、それまで関東一円を襲っていた大乱が一気に鎮静の兆しをみせはじめる。

道灌暗殺から長享の乱へ

だが、道灌の名声が高まったことによって悲劇が彼を襲う。

文明一八年（一四八六年）七月、道灌は扇谷上杉定正の居館のひとつである相模の糟屋館（伊勢原市）に招かれた。そこで、風呂からあがってきたところ、定正の命により、曾我兵庫頭《ひょうごのかみ》という上杉家の家臣に斬殺されるのである。

理由はいくつか考えられている。扇谷上杉の勢力増大を嫌った山内上杉顕定が定正をそそのかし、殺させたという説もあるが、道灌が扇谷上杉の実権を掌握し、譜代衆の妬みや定正の疑心暗鬼を買って殺害されたのだろう。

そのとき道灌が「当方（上杉）滅亡」と叫んだ逸話は有名だ。道灌の甥の子孫が書き残していることから、ある程度は信用できる。事実、道灌を失った扇谷上杉はその後、凋落《ちょうらく》の一途をたどる。

そのとき道灌の嫡男資康《すけやす》も江戸城を追われ、江戸城は上杉定正のものとなるが、定正が死去して養子の朝《とも》良《よし》の時代になると、許されて江戸城へもどったとみられる。

さらに時は流れ、太田家は道灌の孫の資高《すけたか》・資貞《すけさだ》兄弟、扇谷上杉家は朝良の養子朝興《ともおき》の世になった。その間、山内・扇谷の両上杉家が軍事衝突する事態に至り、三たび戦乱が関東の大地を蔽っていた。これを長《ちょう》享《きゅう》の乱（一四八七〜一五〇五年）といい、この混乱に乗じて小田原北条氏の勢力が伸長していた。

その北条氏は、室町幕府政所《まんどころ》執事である伊勢氏の一族、伊勢早雲庵宗瑞《そうずい》（のちに北条早雲と呼ばれる）が小田原城を奪い取り、その子氏綱の時代に北条氏を名乗り、武蔵進出の機会を窺っていた。

大永四年（一五二四年）正月、氏綱にそのチャンスが訪れる。江戸城の太田資高・資貞兄弟が氏綱に内通してきたのだ。前述したとおり、彼らは上杉家によって暗殺された道灌の孫。三代にわたる遺恨もあったのだろう。

正月十一日、軍勢を従えて小田原を出陣した氏綱は品川に入った。そのことは、翌十二日にかけて妙国寺や本光寺という品川の寺々に兵の「乱暴狼藉」を禁じる制札を掲げていることでわかる。

一方、太田兄弟が裏切ったことをまだ知らない上杉朝興は江戸城に入って軍議を催し、

「居ながら敵を請けなば武略なきに似たり」といい、籠城策をとらずに出陣したのである。

北条と上杉両軍が衝突するのは正月十三日。『相州兵乱記』には「高輪ノ原」としかでておらず、詳細は不明ながら、いまの高輪三丁目（港区）付近が古戦場跡に比定されている。

高輪というのは小高く盛り上がった台地上の縄手道（尾根道）をいい、おそらく上杉軍は高輪の尾根上に本陣をもうけ、道の左右に軍勢を展開させていたのだろう。

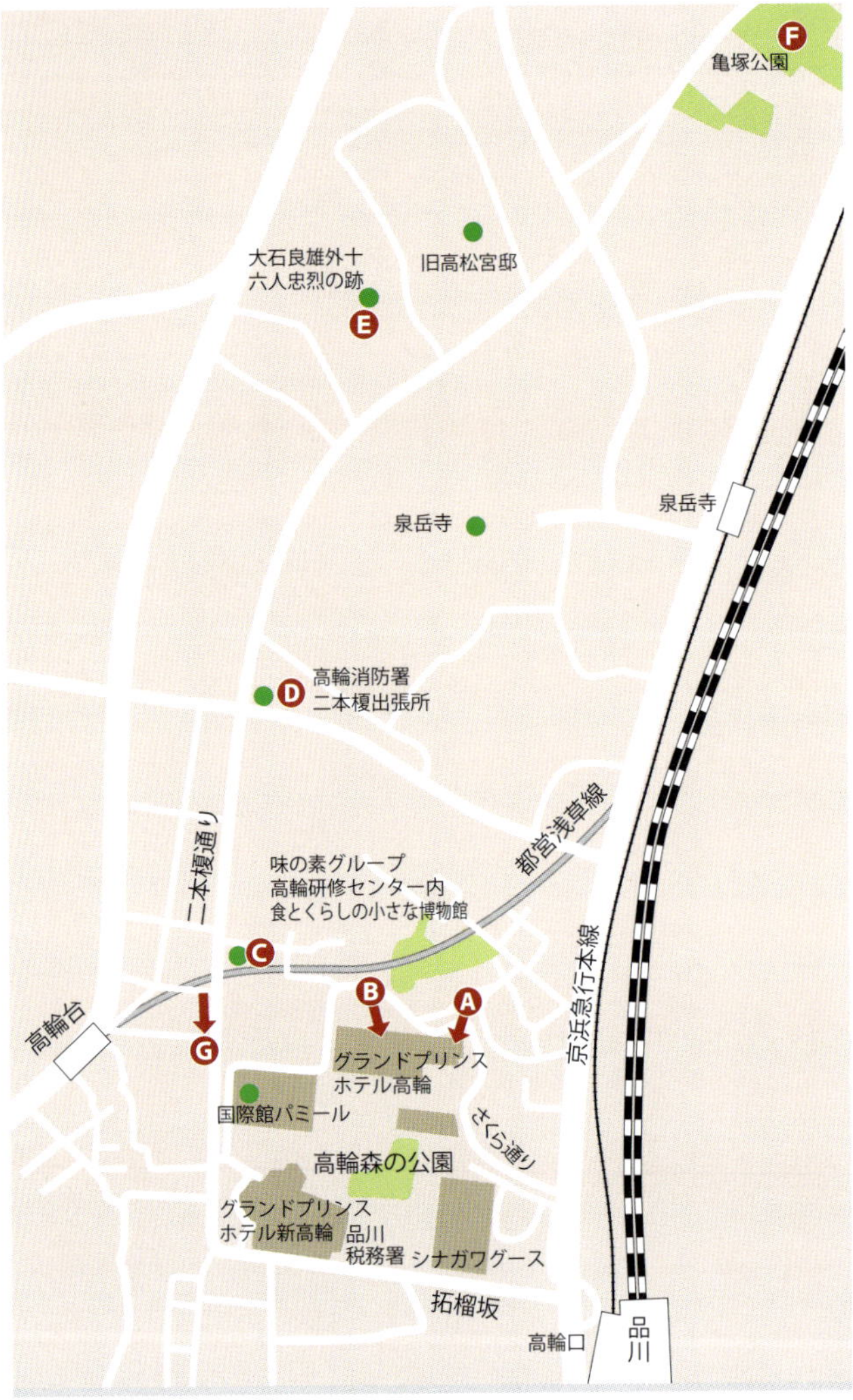

「味の素研修センター」内で幻を見る

それでは、戦国時代の江戸城の命運を握った合戦を透かし見るため、現場へ出かけてみよう。

品川駅の高輪口がスタート地点。目の前の第一京浜国道をやや北に上がり、左折して、さくら通りと呼ばれる道へと入る。くねくねと折れ曲がりながら『グランドプリンスホテル高輪』（以下、高輪プリンス）、さらにはその先の高輪台の尾根上へ通じる道だ。思いのほか、勾配がある。まずまずの上り坂だ。

やがて左手に、ネオバロック様式の洋館が見えてくる。竹田宮の旧邸宅である。いまは高輪プリンスの貴賓館として使われている。父の北白川能久《よしひさ》親王（北白川宮）は幕末の寛永寺貫主（輪王寺宮）だった人で、旧幕府勢力の奥羽越列藩同盟から盟主に仰がれ、一時、列藩同盟側によって東武天皇として即位させられている。その北白川邸（旧薩摩藩邸）は竹田宮邸に隣接しており、やはりそこも高輪プリンスになっている。

明治のころに創設された宮家は戦後、皇籍離脱などのために邸宅を手放したが、西武グループの創業者堤康次郎氏がそれらを買い取った。

「宮家の邸宅跡に建設したからプリンスホテル」

そんな話を思い出しながら、高輪プリンスのエントランスを左に見ながら、少し先の尾根道をめざす。道の突き当りに瓦を載せた古風な塀が見えてきた。道は塀に沿って逆L字型に曲がる。その塀は尾根道までつづいている。このあたりすでに高輪原の合戦で北条・上杉両軍が死力を尽くして戦ったあたりだ。

尾根道との角に、古風な塀につづいて武家屋敷にありそうな立派な門

Ⓐ旧・竹田宮邸、現・高輪プリンス貴賓館

B 高輪プリンス。左に貴賓館が見える。このあたりもいにしえの合戦場だった

がうずくまっていた。だが、様子がおかしいのは、門と塀の内側に近代的な建物が顔をのぞかせていること。つまり、外だけ純和風で中身は洋風。中に餡子《あんこ》が入っていると思って最中《もなか》にかじりついたら、中は生クリームだった。そんな印象だ。

尾根道を少しだけ南に下ると、和風の塀がつきたところに近代的なエントランスが口を開いている。

味の素グループ高輪研修センター。

プレートにそう書かれている。もう、この奇妙な建物のことが気になってしょうがない。明治時代の地図で確認すると、ここも北白川宮邸の敷地内にあたっている。みると研修センターの二階は『食とくらしの小さな博物館』になっていて、一般公開されているではないか！

古戦場を透かし見るのは少し後回しにして、こうなったら寄り道するしかない。

開放感のあるロビーに入り、受付の男性に和風の塀と門についてたずねてみた。するとニコニコしながらこう答えてくれた。

「ここはもともと味の素グループの創業者の自宅だったんです」

「なるほど、それで当時の塀や門を残してあるんですね」

と返しつつ、筆者はガラス張りに

なったロビー奥の庭を指さした。

「庭の中に四阿《あずまや》がありますが……」

「はい。庭も創業者の自宅だった当時のまま残していると聞いています」

なるほど。ここは明治の終わりに味の素社を創業した二代鈴木三郎助の邸宅跡だったのだ。それを外側の古風な造りだけ残し、あとは新しく建て替えて使っているのである。

せっかく中に入ったのだから、ついでに博物館の拝観をお願いした。簡単な入館証に記入するだけ。入館料は無料だ。博物館に入ると、創業以来の製品が陳列され、その時代ごとの玩具や食器などの生活用品、その当時の雑誌などが陳列されていて、なかなか興味深い。すると、

「あ、これ。日本初のグルメ雑誌ですよ！」

取材に同行してくれた版元の担当者が興奮気味にウインド内に展示された『食道楽』という雑誌を指さしている。

「ウチがこの雑誌の復刻版を出版しているんです」

またまた、なるほど……と思った。

博物館内には昭和の初めにはじまり、現代にいたるまで、それぞれの時代を象徴する食卓が立体的に再現されている。やはり、年齢的に懐かしさを覚えるのは高度成長時代の台所。白黒テレビや冷蔵庫、それに流し台が四畳半程度のスペースにひしめきあい、そこにいかにも安物だとわかる小さなテーブルとイスがなんとかおさまっている。

もちろん、コンロは埋め込み式ではなく、流し台の上にはこれまた小さなコンロが乗っかっている。

子どものころを思い出した。

「あのころ、そういえば、食卓の上に蠅取り紙がぶら下がっていたなあ……」

若い読者は知らないと思うが、まだ発展途上だった当時の日本では、食事の時にも蠅がブンブン襲ってくるものだから、蠅取り紙と称する粘着テープを鴨居の上などからぶら下げていたのだ。大人になってもその記憶が強烈に残っている。

別のコーナーではイスのない畳上の食卓が再現され、そこに通称・蠅いらず、蠅帳《はいちょう》という家具が置かれている。食べ物を一時的に保管するものだ。再現された食卓を眺めていると、ふと錯覚に陥った。小さなテーブルには父と母と僕……。いや、イスに腰かけているのは父ではない……甲冑をつけた武将？

Ⓒ AJINOMOTO 食とくらしの小さな博物館内の「くらしと食卓」展示コーナーの一角。1935年（昭和10年）頃の、イスのない食卓を再現している。箪笥のとなりの家具は蝿帳。小津安二郎監督の映画『麥秋』では、ラストちかく、原節子が兄嫁の三宅邦子に「蝿帳に這入ってます」と言われて取りだしたコロッケで、ひとりで遅い食事を済ます印象的なシーンが出てくる。

そうか、ここは古戦場のド真ん中。筆者は、上杉勢の本陣がこのあたりにあったと踏んでいる。ならば、座布団の上に床几を置き、そこに腰かける武将は上杉勢の大将、上杉朝興なのか……（34〜35ページ）。

いやはや、いささか寄り道しすぎたようだ。いったい何の記事を書いているのかとお叱りを受けそうなので、博物館を後にすることにしよう。

古代の東海道と合戦場

研修センターは高輪台の尾根道に面している。

その尾根道は古代の東海道。合戦とも関係する話だから、この道が古代の東海道だとご理解いただくため、しばらく散策しながら北へ歩いてみよう。
まず右手に、まるで灯台のような建物が目に飛びこんでくる。昭和八年（一九九三年）に建築された高輪消防署二本榎出張所だ。江戸時代、このあたりに上行寺という寺があり、その近くに二本の榎の大樹が植えられていたことから、いまもこの尾根道、つまり、古代の東海道は二本榎通りと呼ばれている。榎の大樹は昔の一里塚（街道の里程をあらわした塚）だとされ、まずはこの道が古い街道であることが分かる。

さらにその先へ足を伸ばしてみよう。左手に都民住宅の高輪一丁目アパートが見えてくるが、そこは江戸時代、細川家熊本藩の中屋敷だった。赤穂浪士が吉良邸へ討ち入った後、浪士たちは四家の大名へ預けられたが、リーダーの大石大蔵介良雄ら十七名はここに預けられ、切腹した。団地内には「大石良雄外十六人忠烈の跡」がある。

その高輪一丁目アパートの先が高松宮邸。昭和天皇の弟、高松宮の邸宅だったが、殿下につづいて妻の喜久子さまが逝去した後、無人となった。だが、生前退位された上皇陛下が、この旧高松宮邸を仮住まいにされる予定になっている。

D 高輪消防署二本榎出張所

E 大石良雄外十六人忠烈の跡

F 亀塚公園

こうして散策するうちに目的地が右手に見えてきた。亀塚公園と三田台公園だ。公園内にある塚を亀塚と呼ぶが、それにはこんな由来がある。平安時代に菅原孝標女《すがわらたかすえのむすめ》が書いた『更科日記』にでてくる話だ。
『更科日記』によると、武蔵国から都の皇居警備に召された若者が皇女に慕われ、二人は吾妻へ逃げる。追っ手をかけた天皇も、ついに二人の愛にほだされ、御殿をつくる。やがて皇女が身まかったときに御殿を寺とした。それが竹芝寺。亀塚は皇女の墓とされている。実際には亀塚は古墳といえないようだが、公園に隣接する済海《さいかい》寺のあるところに竹芝寺があったとされる。『更科日記』の作者の父は上総国の国司（いまでいう知事）で、娘の作者が父とともに東国の上総から京へもどる途中、竹芝寺に立ち寄った際の伝聞を日記にしたためたのが以上の話だ。

つまり、都から駆け落ちした皇女がここに隠れ住んだとされ、かつ、国司の娘が東国と都との往来にここに立ち寄って聞いた話なのだ。駆け落ち伝説はフィクションだとしても、少なくとも、菅原孝標一行はこの尾根道を歩いて上総からここまでやって来たのだ。当然、この尾根道は都と東国をむすぶ平安時代の幹線道でないといけない。

それだけではない。付近からは縄文時代および弥生時代の土器や縄文時代の貝塚が発掘されている（伊皿《いさら》子《ご》貝塚遺跡）。平安時代はおろか、この尾根道沿いに縄文時代から人が住んでいたことがわかる。これで、この尾根道が古代の東海道であったと、納得していただけるだろう。

それでは、さきほどいた味の素研修センターまで急ぎもどってみよう。

そのエントランスの一〇〇メートルほど先に高輪三丁目の信号がある。古戦場跡に比定されているところだ。

北条勢は小田原から、この古代の東海道に沿って北へ進んだとみられる。近世の東海道は海寄りに走っているが、古代の東海道は山手を通っている。大井（品川区）をすぎ、いまの居木《いるぎ》橋付近（同）で御殿山の尾根道へとでて、いったん下ってから、高輪台の尾根へと上がる。

勝敗を分けたのは搦め手の渋谷口

一方の上杉方は江戸城をでて、北条勢とは逆に古代の東海道を南へ進んだとみられる。家康が築いた江戸城は東側の大手町が正門だが、当時の江戸城は南西方面が正面だったと思われる。上杉方は、霞ヶ関・虎ノ門・赤羽橋方面を経て、高輪台の尾根道へ入ったのではなかろうか。

　ちょうど高輪三丁目付近は東側の高輪プリンス・『グランドプリンスホテル新高輪』（以下、新高輪プリンス）方面から西側にかけて比較的平坦な地形が広がっており、軍勢が布陣しやすく、かつ、側面は谷となって落ちこんでいるため、守りやすい。さきほどはつい妄想を膨らませてしまったが、したがって筆者は、平坦な地形の中心に位置する味の素研修センター付近を上杉勢の本陣跡と推定しているのである。

　その上杉勢の先陣は曾我神四郎という武将だった。『相州兵乱記』がわざわざ彼の名を特筆しているところから、曾我神四郎は北条方の先陣とわたり合い、かなり奮戦したとみられる。扇谷上杉家は、道灌を殺害した曾我兵庫頭（前出）を道灌に代わって家宰に取り立てており、曾我一族である神四郎はその御恩に報いる活躍をみせたのだろう。

『相州兵乱記』によると、先陣どうしの争いは前述したとおり、南北の両軍が互いに東西へ馳せちがい、命を惜しまず七、八度も接近戦を繰り返す激戦になった。

　写真の手前が高輪三丁目の信号。左手奥に見える建物が新高輪プリンスだ。そちらから攻めかかるのが北条勢。

　やがて、その北条勢の第二陣が二手に分かれ、東西から上杉勢を囲いこむように攻め立てたものだから、

Ⓖ 高輪三丁目の交差点。この通りが古代の東海道

35...........高輪原 ❖ 家康以前の江戸の古戦場

上杉勢は崩れはじめる。

ころ合いを見計らい、北条勢の大将・氏綱が采配をあげて総攻撃を命じると、

「上杉たちまちに打ち負けて江戸城に引き籠る」

という。

北条勢は逃げる上杉勢を追い、江戸城まで攻め寄せた。ついに上杉勢はこらえきれず、上杉朝興は夜陰にまぎれて江戸城を捨て、川越城へ逃げ帰るのである。こうして北条氏綱は、武蔵攻略の拠点となる江戸城を手に入れたという。

しかし、『相州兵乱記』の内容からは、道灌の孫である資高・資貞兄弟の活躍が見えてこない。彼らの内通が契機となって氏綱が江戸城攻略の軍勢を催したにもかかわらずだ。

じつはもう一つ、『相州兵乱記』とは別に、高輪原の合戦について記載した史料がある。その『異本小田原記』によると、上杉勢が北条勢と懸け合い、一進一退の激戦を繰り広げているとき、

「太田源六兄弟（資高・資貞兄弟のこと）、かねて内通しければ、跡より敵を（江戸城へ）引き入れければ、朝興前後の敵にこらへかね、板橋をさして引いていく」

とある。

つまり、高輪原で両軍が衝突し、一進一退の攻防を繰り広げているころ、江戸城の太田資高・資貞兄弟が北条勢を城内に引き入れ、これで上杉勢は正面の品川方面と背後の江戸城に敵を受けることになって、文字どおり進退窮《きわ》まり、板橋をへて川越へ敗走したというのである。

それでは、太田兄弟はどうやって北条勢を江戸城に引き入れたのか。それも『異本小田原記』に書かれている。

「小田原勢（北条勢）、渋谷へ廻りて江戸へ押入る」

氏綱は、品川方面のみならず、渋谷方面にもひそかに軍勢を進め、上杉勢の裏をかく形で江戸城を乗っとったのである。

当時、品川方面を江戸の正面玄関とすると、渋谷は搦め手にあたり、そこから相模国へは鎌倉街道の中道《なかつみち》が通じている（17ページ参照）。

太田兄弟の内通もさることながら、氏綱の戦術のうまさが江戸城奪取に繋がったのである。

茶屋坂 ❖ 目黒のサンマ

「このサンマはどこのサンマじゃ？」
「何？ それはいかん……サンマは目黒に限る」——
と、将軍様がのたまったという有名な落語。
ネタのルーツとされる茶屋坂は江戸時代、
行楽客で賑わう目黒不動への参詣路だった。
その坂道にはサンマならぬ、もう一つの名物が……。

禽語郎小さん師匠の「目黒のサンマ」

高輪原古戦場の取材を終えた筆者一行は、高輪三丁目から次の取材場所へ向かうべく、〝現代の駕篭〟を拾った。

つまり、タクシーに乗りこんだわけだ。

運転手さんに、

「目黒清掃工場のあたりまでお願いします」

と告げるとすかさず、

「茶屋坂のあたりでいいんですかね」

という答えが返ってきた。

「そうそう、まさに茶屋坂に行きたいんです。運転手さん、よくご存じですね」

というやりとりがあって、右手に陸上自衛隊目黒駐屯基地がある整備された下り坂の途中でおろされた。

「え、ここが茶屋坂？」

「そうです。この坂道が茶屋坂です」

なるほど、そういうことかと思った。タクシーを降りると、すぐ近くに東急バスの「茶屋坂」停留所があった。運転手さんは整備されたバス道を茶屋坂だと思っていたのだ。

いや、バス道も茶屋坂にはちがいない。だが、行きたいのは江戸時代の

茶屋坂だった。〝現代の茶屋坂〟に別れを告げて住宅街に入り、かなりの勾配がある坂道をのぼって左へ折れ、右へ曲がってすぐ。住宅街の片隅にたたずむ目黒区教育委員会の説明板にこう書かれていた。

「茶屋坂は江戸時代に、江戸から目黒に入る道の一つで、大きな松の生えた芝原の中をくねくねと下るつづら折りの坂で富士の眺めの良いところであった。

この坂上に百姓彦四郎が開いた茶屋があって、三代将軍家光や八代将軍吉宗が鷹狩りに来た都度立ち寄って休んだ（後略）」

伝承では、三代将軍徳川家光が彦四郎の人柄を愛し、「爺、爺……」と気さくに話しかけたことから、いつしか彦四郎の茶屋は「爺々が茶屋」と呼ばれるようになったという。

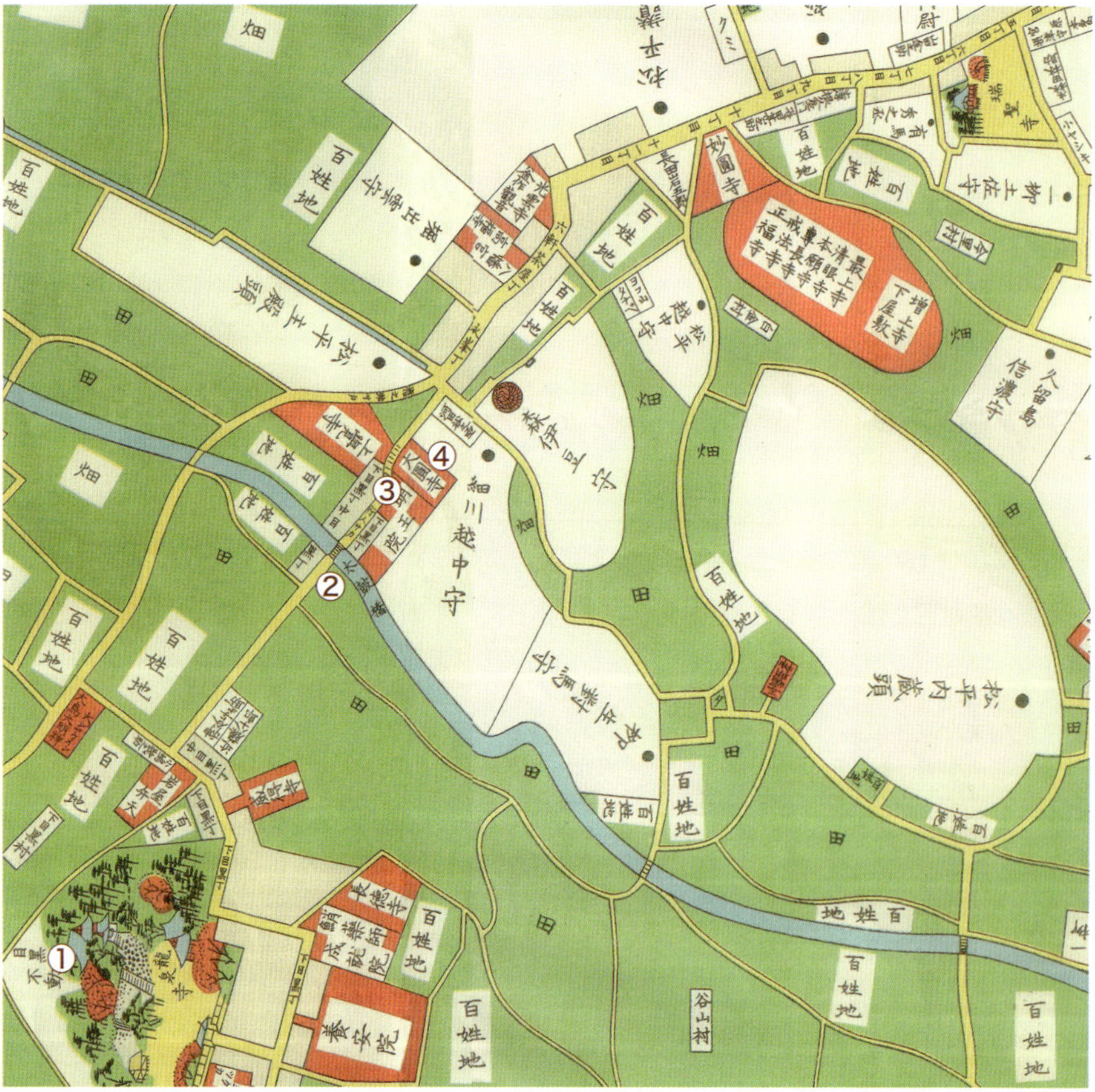

また、目黒区のホームページには、「彦四郎の子孫である島村家には10代将軍家治が立ち寄った時、側近の者に命じられて、団子や田楽を差し上げたのをはじめとして、以後、たびたび、100串とか150串を差し出すようになったという文書が伝わっている」

という話も掲載されている。

島村家に伝わるという文書は披見

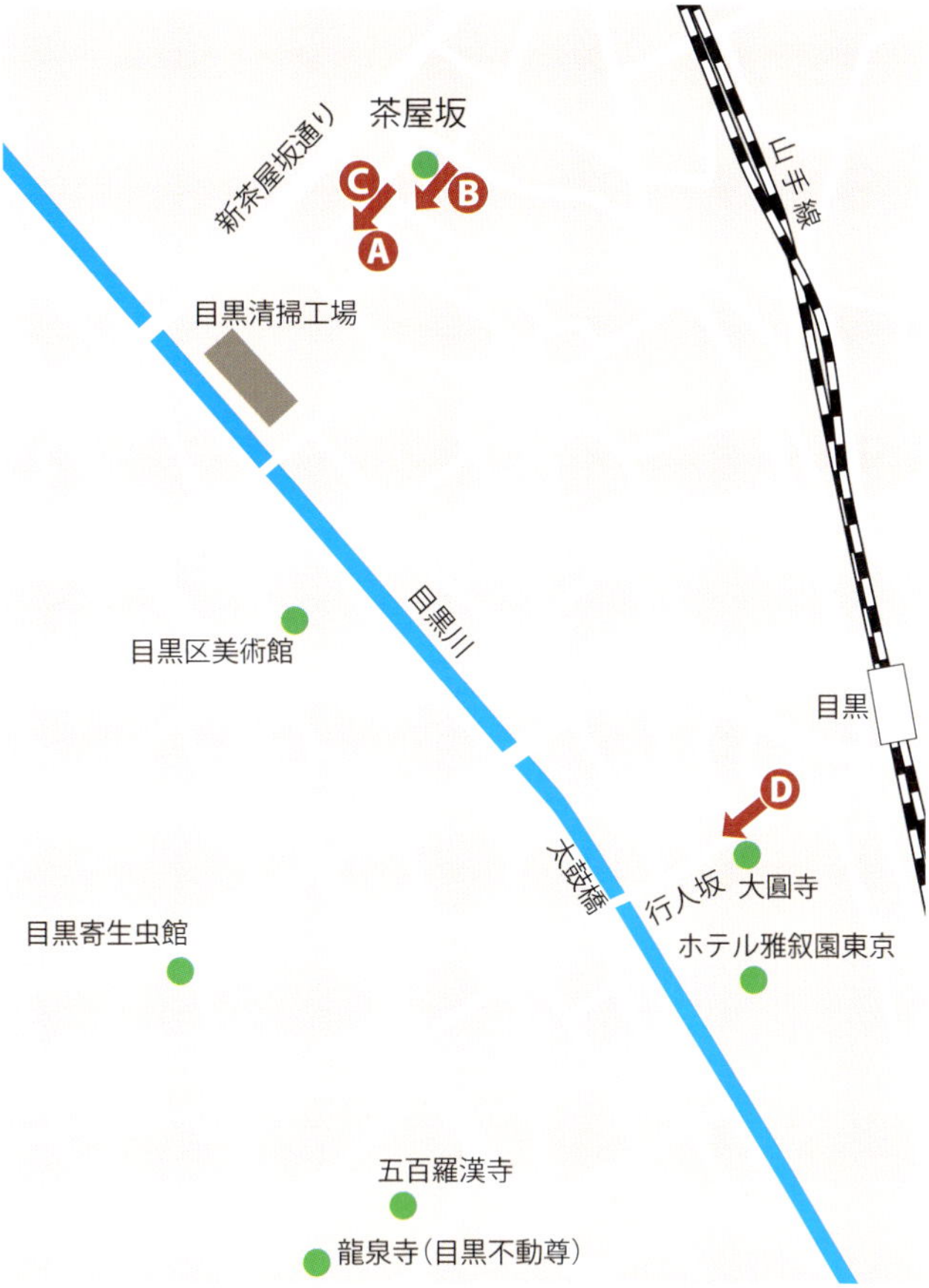

したことはないものの、この坂道に茶屋があったのは、安藤広重の「江戸名所百景」に描かれているから間違いない。目黒には将軍家の御鷹場があり、将軍家光や吉宗がその都度、茶屋に立ち寄ったという伝承にもそこそこ信憑性があろう。

それより何より筆者がここまでやって来たのは、茶屋の爺と将軍との逸話がある古典落語の名作のモデルになったとされているからだ。

ご存知、「目黒のサンマ」である。

あるとき、茶屋に寄った将軍が空腹を感じて彦四郎に食事の用意を命じたが、急にいわれても茶屋に将軍の口にあうものがあろうはずはない。やむをえず、ありあわせのサンマを焼いて差しあげたところ、山海の珍味にあきた将軍の口に、脂の乗ったサンマの味は、格別なものだった。

その日は、たいへんご満悦のようすで帰り、しばらくして殿中でサンマが美味であったことを思い出し、家来にサンマを所望した。

しかし、サンマは、庶民の食べ物とされる下魚《げざかな》。困った家来たちは何とか房州（千葉県）の網元から早船飛脚で取り寄せた。ところが料理法がわからない。気をきかせた御膳奉行はサンマの頭をとり、小骨をとり、すっかり脂肪を抜いて差し出した。びっくりしたのは将軍。美しい姿もこわされ、それこそ味も素っ気もなくなったサンマに不興のようす。

「これを何と申す」

「サンマにございます」

「なに、サンマとな。してどこでとれたものじゃ」

「銚子沖にございます」

「なに銚子とな。銚子はいかん。サンマは目黒に限る」

という落ちとなる（以上、『月刊めぐろ』掲載の話を引用）。

漁港でも何でもないのに「サンマは目黒に限る」といわせているところが面白い。将軍が下情に通じていないことを皮肉った話だ。

この「目黒のサンマ」にはいくつかバージョンがあり、明治に活躍した落語家の二代禽語郎《きんごろう》小さんがこのネタを得意とし、広まったようだ。おそらくオリジナルのネタだと思われるが、その小さん師匠の「目黒のサンマ」は以上の話とだいぶちがっている。

そこには、出雲松江の大名、松平出羽守が登場する。目黒まで早駆けに出かけた出羽守が近所の百姓家で焼くサンマの香りに誘われるという筋立てだ。百姓家の主人が目黒の町で買ってきたものだ。

サンマを食べた出羽守はたいそう満足して帰り、あるとき、江戸城溜《た》まりの間で諸侯らを前に、サンマの講釈をぶちかました。諸侯の誰一人、サンマなどという魚を食した者がいなかったから、出羽守はますます得意になって「下々の情を探っておかなければなりませんぞ」という。

多くは「左様でござるか……」などと感心していたが、筑前福岡の城

Ⓐ「目黒のさんま之図」

主黒田筑前守は「食わざれば大名でないような事を申す出羽守はけしからん」とばかり、試しにサンマを取り寄せさせ、食べてみた。

　しかし、そのサンマは例によって脂肪分を抜いて焼いたもの。脂肪は体に障《さわ》るというので家臣らが殿様を気遣ってそう調理させたのだ。「これはよほど不味《まず》い」と感じた筑前守が出羽守をとっちめてやろうと思い、血相変えて溜まりの間にやって来ると、出羽守は長州公や薩州公相手に「いまだ召し上がりませんか……」と得意になってサンマの講釈を垂れている。

　そこで出羽守と筑前守との間で激論となる。

　出羽守「あれほど旨いものを不味いというのは誠に怪しい話でござる。御貴殿、魚が間違っておりましょう」

　筑前守「いいや、間違ってはおりませぬ」

　という話の展開の果てに、
　出羽守「ご貴殿はどこからサンマを取り寄せになられた？」

　筑前守「房州にござる」

　出羽守「黒田公、房州だから不味いのでござるよ。サンマは目黒に限る」

　となるのである。

　こうなると、もはや、爺々が茶屋も茶屋坂も関係ない。ただ舞台が目黒というだけだが、元の話は以上のようなものらしい。その後、茶屋坂の逸話と重ね合わせるように茶屋と将軍が登場するようになったのだろう。

目黒不動参詣レジャーガイド

　それでは、安藤広重が「江戸名所百景」に描いた当時の茶屋坂（次ページ）を見てみよう。

　坂下の右手に茶屋の母屋があり、カーブする坂の左側に茶屋の腰掛がいくつか覗いている。いまでいうテラス席だ。そこに座って客が眺めるのは富士山。いまでは茶屋坂から富士山を望むのは難しいが、目黒清掃工場の煙突を富士に見立てられなくはない。

　江戸時代、まだ「目黒のサンマ」の話はなかった。それでも辺鄙な坂道に茶屋ができて、それなりに繁盛しているようにみえるのは、ひとえに富士山のおかげ。だからこそ、広重も江戸名所の一つとして描いたのである。

　幕末に描かれた『江戸切絵図』をご覧いただきたい（38ページ）。江戸時代、目黒不動①の参詣は、庶民の大きな楽しみの一つだった。

　五色《ごしき》不動といって、幕府は江戸各所に不動尊を祀る寺を選んで江戸の鎮護とした。目黒不動瀧泉寺（目黒区下目黒）・目白不動金乗院（豊島区高田）・目赤不動南谷寺（文京区本駒込）・目青不動教学院（世田谷区太子堂）・目黄不動永久寺（台東区三ノ輪）である。目黄不動にはもう一つあって、最勝寺（江戸川区平井）を含めたら〝六不動〟ということになる。

安藤広重『江戸名所百景』の「目黒爺々が茶屋」

　このうち、最も参詣で賑わったのが目黒不動だといわれる。その理由はいくつか考えられる。まず病気平癒に霊験あらたかなこと。境内の独鈷《とっこ》の滝に打たれるとたちどころに病気が治るという言い伝えがあり、幕末に薩摩藩士の西郷隆盛が藩主島津斉彬《なりあきら》の病気平癒を祈願し、「身命なき下拙《げせつ》に御座候へば、死する事は塵埃《じんあい》のごとく、明日を頼まぬ儀に御座候間」、つまり、自分のような卑しい者の命は塵も同様だから、その命と引き替えに斉彬の命を救ってほしいと訴えている。

　次に目黒不動が富くじ（宝くじ）を売っていたこと。それから門前の賑わいだ。江戸時代の観光ガイドというべき「江戸名所図絵」を開いてみると、目黒飴で有名になった「桐屋」が載っている。池波正太郎氏の人気時代小説『鬼平犯科帳』のなかでも、火付け盗賊改め方長官・長谷川平蔵の妻久栄《ひさえ》の好物として、その「桐屋」の目黒飴が登場する。また、門前には粟飯や筍飯を食べさせる店もあって江戸っ子のグルメ心をくすぐっていた。

しかも、目黒不動への参詣路そのものが人々を飽きさせなかった。

それには地形が関係している。まず、ご自身の手を見ていただきたい。手の甲を武蔵野台地に見立てると、五本の指はそこから枝分かれする台地の突端部分にあたる。指と指の間には谷間がつくられているはずだ。そうなると、指を上がったり下ったりするように坂道を上がったり下ったり。江戸の町に坂が多いのは以上の理由からだ。

Ⓑ 広重の浮世絵と同じ構図・ポジションから撮った茶屋坂の写真

なかでも、目黒不動のある目黒川流域とその上の台地との標高は、他の地区の台地と比べると、かなりの差がある。だから坂の上から富士山がよく見えた。

参詣者は目黒不動の行き帰りに茶屋に立ち寄り、そこから眺める秀麗な富士の姿に感動したことだろう。

つまり、ご利益があって、富くじに夢を託すこともでき、門前では名物の粟飯や筍飯に舌鼓みをうてる。また、お土産に目黒飴を買って帰れば家の者にも喜ばれる。おまけに、行き返りに茶屋で美しい富士の姿を眺めることができるのだから、目黒不動の参詣には、レジャーの要素がびっしり。

つづら折れの茶屋坂は目黒不動に至る参詣路なのだから、本来なら坂を下って目黒川にかかる太鼓橋をわたり、筆者一行も目黒不動へ参詣すべきところだが、お不動さんには茶屋坂から祈りを捧げるとして、もう一つの目的地へ向かおう。

まず坂を下る。カーブを描いて下ったあたりに三角公園（茶屋坂街かど公園＝Ⓐ）があり、そこに「茶屋坂の清水」の碑が建っている。説明文を読むと、茶屋では湧き出る清水でたて茶を出していたらしいのだが、昭和の初めに茶屋坂の造成がはじまり、清水は、分譲地の一角にあった地元の夫妻の努力によって、かろうじて消滅の危機から救われたという。その清水は太平洋戦争の末期、東京が大空襲によって火の海になった際、消防用水や炊事用として付近の人々の命を救い、その恩恵を受けた人たちの手で碑が建てられた。残念ながら清水そのものは涸れてしまったものの、碑を公園に移して碑の中に宿る精神を後世に伝えることにしたとある。

Ⓒ 茶屋坂のこの辺りに爺々が茶屋があったと思われる

なかなかいい話だが、ここが目的地ではない。坂を下りきって目黒川沿いの遊歩道を太鼓橋②まで進もう。ただし、アーチ形の橋を想像していると拍子抜けすることになる。江戸時代、ここに石造りの太鼓橋がかかっていたのは事実だが、大正の初めの豪雨によって濁流に飲みこまれてしまった。橋を渡らず、右手に結婚式場で有名な目黒雅叙園を見て、坂道を上がる。

　雅叙園の裏手は崖になっている。

行人坂の坂上から目黒川方面をのぞむ

坂道は目黒駅前へ向かい、その崖を一気に上っている。行人坂《ぎょうにんざか》③という。江戸時代の初め、出羽の湯殿山（山形県鶴岡市ほか）から行人（修験者）を招き、坂の途中に大円寺④という寺が開かれた。そこからついた名だ。

　崖を一気に上がるだけあってかなりの急坂だ。息せきこらし、何とか坂の上にたどりついた。振り返ると、江戸時代には富士山が見えた。坂の上には富士見茶屋があり、安藤広重が、これまた茶屋の賑わいを『目黒行人阪之図』（国会図書館蔵）として浮世絵に描いている。筆者はここに来てみたかったのである（上の写真）。

　この行人坂を通るルートは茶屋坂とともに目黒不動の参詣路だった。茶屋坂より行人坂のほうが眺めは素晴らしかったかもしれない。ここは「夕日の岡」とも呼ばれ、参詣の帰り道、坂の上で振り返ると、夕日に映える富士山を望めた。

　もちろん、いまでは望むべくもない話だ。

　さて、この坂の名の由来となった大円寺は、かの八百屋お七ゆかりの寺でもある。お七は本郷（文京区）にあった八百屋の娘。その彼女と目黒の大円寺にはどんな繋がりがあるのか。われわれは目黒駅から地下鉄に乗って本郷へと急いだ。そう、ご明察のとおり、次は八百屋お七の話。そうなると、

「もう坂の話はお呼びでない？」

　なるほど。そういわれたらしょうがない。邪魔者は退散すべき。落語の常套句をまねて、この話を終わらせよう。

「それでは、お後がよろしいようで……」

30
区域内

本郷・駒込 ❖ 八百屋お七ゆかりの三つの火事

中山道と日光御成道が通る江戸の郊外。「やっちゃば（青物市場）」発祥の地である本郷・駒込界隈の八百屋の娘お七は悲恋のヒロイン。彼女のゆかりの地を巡ると、江戸っ子たちを恐怖のどん底に陥れた三つの大火とお七との繋がりが見えてくる。

〝大火繋がりの八百屋お七〟の謎

明暦三年（一六五七年）正月十八日から十九日にかけて、江戸の町は大火につつまれた。火元は本郷の本妙寺だとされる。法会のために振袖を焼いたのが原因とされ、振袖火事の別名をとる明暦の大火である。

焼失した町の数はおよそ五百から八百。旗本屋敷から神社仏閣、さらには江戸城天守閣も焼失して焼死者は十万人に及んだという。これで江戸時代初めの町並みの多くが失われ、喪失した旗本屋敷や町、神社仏閣を再建するために幕府は、大川（墨田川）の東、本所・深川地区を埋め立てた。

こうして江戸の市街地が広がる契機になったものの、この大火の教訓を生かすため幕府は、各所に火除地《ひよけち》となる広小路をもうける防火対策を施した。それでも「火事と喧嘩は江戸の華」といわれるように火事は大都市江戸の名物となる。

それだけに放火はもってのほか。重罪だった。ところが、恋焦がれた男と逢うために放火した女がいた。本郷の八百屋の娘、お七である。

そのお七について筆者が強く感じているのは「お七はすごい」ということ。何がすごいかって、彼女が起こした火事とは別に、江戸時代に江戸の人たちを震撼させた大火三つまでがお七と繋がっているからだ。これほど火事に縁のある悲劇のヒロインはそういないだろう。

それではまず、お七の物語を紐解いていこう。

天和《てんな》二年（一六八三年）十二月二十八日、年の瀬も押し迫ったころ、本郷の大円寺を火元とする大火が江戸市中を襲った。これが〝お七繋がり〟の一つ目の火事。天和の大火と呼ばれている。このとき彼女は火事の被災者としてまず登場してくる。以下、井原西鶴が書いた『好色五人女』をテキストにみていこう。

お七は本郷に住む八百屋八兵衛の娘で、当時、十六歳。同じ本郷を火元とする火事の難をさけ、お七は母親につき添われて駒込の吉祥寺へ逃げこんだ。その避難先である吉祥寺がまた、前述した明暦の大火に関係している。これが二番目の〝お七繋がり〟の大火。

吉祥寺はもともと水道橋（文京区）の北にあったが、明暦の大火によって岩槻街道（日光御成道《おなりみち》ともいわれ、将軍家の日光参詣路だった）沿いの現在地に移転させられた。ちなみに、寺は駒込へ移ったが、水道橋にあった当時の門前町の住民らは明暦の大火で被災して家を失い、五日市街道沿いに代替地をたまわった。彼らはその土地を開き、自分たちが門前に住んでいた寺の名にちなみ、町の名を吉祥寺とした。これがいまのＪＲ中央線沿線の吉祥寺（武蔵野市）の町の由来である。

したがって、話はややこしくなるが、吉祥寺に吉祥寺という寺はない。吉祥寺は駒込にある――。

ともあれ、こうして天和の大火で焼けだされたお七一家は、明暦の大火に関係する吉祥寺へ避難してきたというのである。

そのお七は恋多き年ごろ。本郷の吉祥寺にいた寺の若衆・小野川吉三郎（通称吉三）に恋い焦がれるようになる。ある夜、寺の長老らが檀家の法事に出かけた留守を見計らい、お七は吉三の寝所へ忍び入り、思いを遂げる。西鶴が好色五人女の一人に彼女を挙げたのは、そうした奔放な行動からだろう。

やがて焼け跡で新しい家の普請もなり、お七は寺を後にすることになるが、吉三を思慕するお七は、また火事が起きたら彼に逢えると思い、火付《ひつけ》を思い立つ。さいわい火事はすぐおさまったが、放火は重罪。お七の取り調べがおこなわれると、彼女は素直に罪を認め、品川の鈴ケ森刑場で火あぶりに処せられた。

あくまで西鶴が書いた話だ。問題はどこまでこの話が事実なのかということだが、じつは、西鶴がネタ本にしたのではないかと思われる江戸時代の実録集が存在する。その『天《てん》和笑委集《なしょういしゅう》』に、お七の放火事件が大きく取り扱われている。

ここでのお七は、本郷の商人・八百屋市左衛門の娘ということになっているが、西鶴の話とは、天和の大火で難をさけた寺の名と若衆の名がちがっている。

寺は正仙院。お七が思慕する若衆は生田庄之介という美少年。お七より一歳年上の十七歳だ。その庄之助も、美しいお七を一目見て、「つかの間も忘れやらず、思ひあこがれ、物陰よりさし覗き、眺めあかす」ほどだった。

つまりは相思相愛。ところが、なかなか契りを交わす機会は

A 井原西鶴が『好色五人女』でお七一家の避難先とした駒込の吉祥寺

訪れない。そこで、ゆきというお七の下女が二人の間を仲立ちする。

　手紙のやり取りからはじめて正月十日の夜のこと。みなが寝静まった午後十一時ごろ、ゆきが庄之助をお七の部屋に案内し、二人はようやく、ふしどを共にするのである。

　やがて新居の普請がなって正月二十五日、お七は本郷の新居に帰らなければならなくなる。その後も手紙のやりとりはつづき、お七の思慕は募るばかり。だが、両親は美しいお七を、いまでいう玉の輿に乗せようとしていた。

　相手が寺の若衆では、両親が承服するわけがない。思い悩んだお七はいまいちど庄之助との思いを遂げようと、火付を思い立つ。

　そうして三月二日の夜になった。その日は風が強く、お七は「かねての所存、この宵にあり」と決断する。彼女は反故《ほご》になった綿切れを藁に包み、近くの商家の軒下の板間に炭火とともにさしはさんで放火に至った。

　やがて炎が燃え上がり、「あはや火事よ」といって町中大騒ぎになるなか、気が動転していたお七は放火に使った綿切れを持ってうろついていたために捕らえられ、自白に及ぶ。しかし、お七は狂気の態《てい》を装い、決して庄之助と密会したいがために火付したとはいわなかった。奉行に咎《とが》められても、恐ろしげな男たちに脅され、放火に至ったというばかり。

　一方の庄之助は、お七が捕らえられたことを知り、真実を告げようとするが、お七の下女ゆきに「ひとへに御方（庄之助のこと）をいたはり助けんためのはかり事なり」といい、庄之助まで処刑されたら「つま（妻）」の菩提を誰が弔うのだといってとめた。

　『天和笑委集』の作者はここで、お七を庄之助の「つま」だとしている。

　三月十八日、お七は、ほかの罪人とともに鎌倉河岸《がし》・飯田町・麹町と市中を引き廻されるが、作者はそこでも「生田が妻七」と書いている。

　また、その時の衣装は実家が用意した艶やかな振り袖姿。

　お七は三月二十八日、品川の鈴ケ森刑場で火あぶりに処せられるが、その悲恋話はやがて日本津々浦々に

広がったという。

　一方、お七との関係が世間に知れわたるようになったため、庄之介は四月十三日になって寺を抜け出し、高野山で僧になる。

　『天和笑委集』のこの話は、月日の記載や内容も詳細であり、関係者に取材した結果といえるが、この手の実録モノには誇張が多い。また、舞台となった正仙院という寺はみあたらず、実在しない可能性がある。

　かといって、お七と庄之助の悲恋話がすべてフィクションであるとはいえない。

　五代将軍徳川綱吉をコケおろしたことで知られる元禄時代の歌人戸田茂睡《もすい》の『御当代記』に、

「駒込のお七火付の事、この（天和三年）三月の事にて廿日（二十日）時分よりさら（晒）されし也」

とある。

　ここでは駒込の住人になっているが、駒込と本郷は至近の距離。この差異は誤差の範囲だ。しかも、『天和笑委集』には三月十八日にお七が市中で引き廻されたとあり、一級史料といえる『御当代記』の記述（廿日時分）ともわずかのちがいで、これも誤差の範囲といえよう。

　ただ、『御当代記』のこの一文は「追筆」、つまり、後から書き加えたものであり、一部で信憑性が疑われているが、茂睡が自身の記録に嘘の事件を挿入するとは思えない。あるとしたら、お七放火事件が有名になってから、記述洩れしていたことに気づき、急いで追筆した可能性だ。

　したがって、本郷・駒込あたりに住んでいた八百屋の娘お七が吉三もしくは庄之介と恋仲になり、逢いたい一心で放火して処刑されたのは史実だと考えられる。

　ただし、いちばんの問題は、お七が天和の大火の際に避難した寺がどこなのかだ。話の舞台の正仙院がどこか特定できず、だとすると、西鶴が書いたとおり、吉祥寺ということになるが、文京区教育委員会の説明では、お七の墓がある本郷の大乗寺に避難したことになっている。どちらなのだろうか。

避難先をめぐる謎

　それでは、その謎解きのために現地に行って検証してみよう。

　その前に散策に使うツールをご紹介しておきたい。このの後も本書で何回か登場するツールだ。江戸切絵

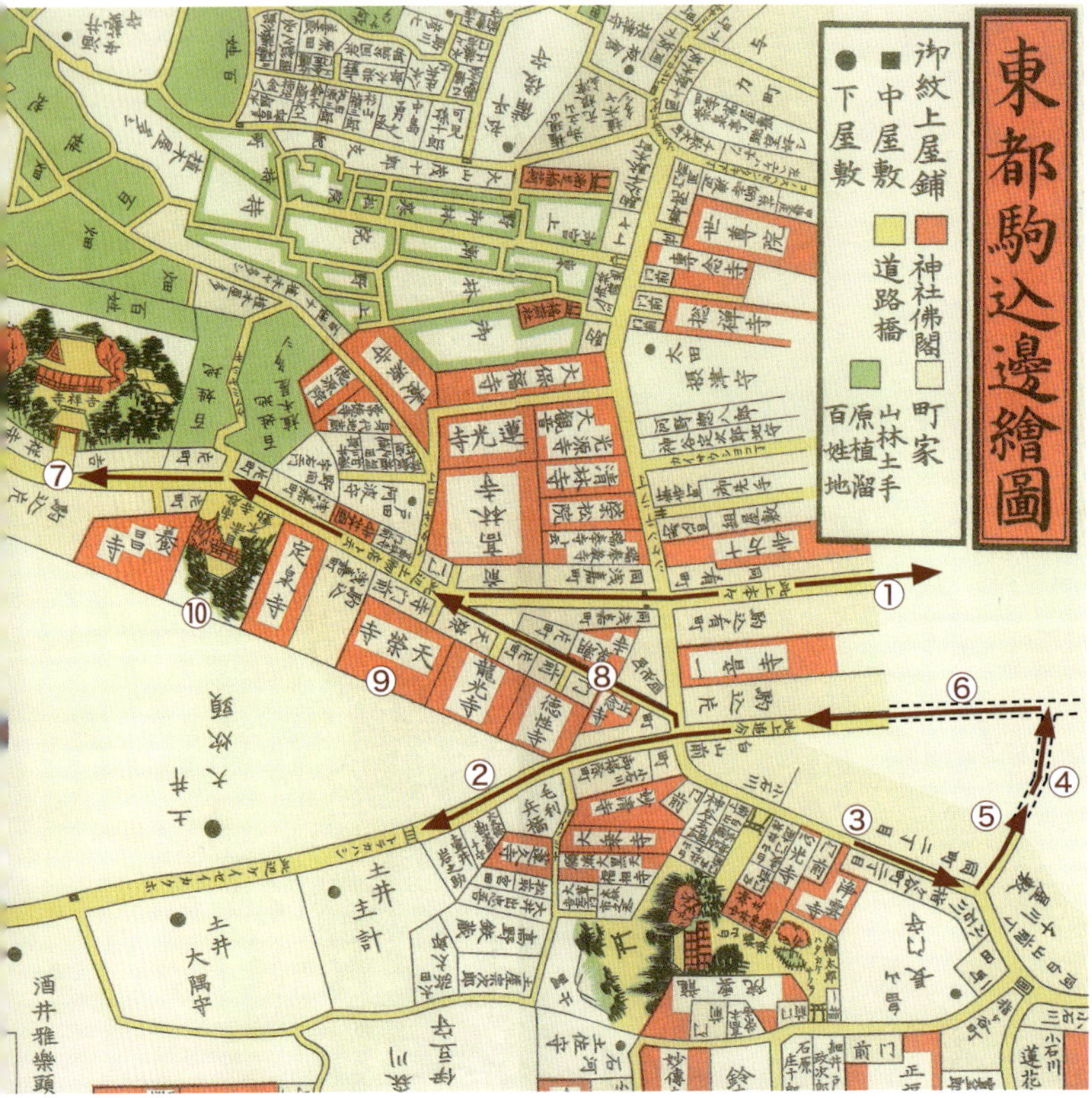

図という。

切絵図というのは区分地図のこと。幕末に麹町の尾張屋清七が版元になって刊行し、いわゆる売れ筋商品となった江戸各所の地図だ。なかには屋敷や神社仏閣などが移転している例もあるが、町の区画は江戸時代を通じてそう大きく変わっていないから、江戸の雰囲気を味わいながら散策するにはこれほどうってつけのツールはない。筆者が主宰する町歩きの会では、江戸切絵図に書かれる〝江戸の道〟を歩き、当時の町並みを頭の中で現在のそれに重ね合わせながら名所旧跡をたどっている。

　今回の散策に使う一つ目の地図は、駒込界隈の切絵図だ。①が前出した岩槻街道、いわゆる日光御成道。いまは本郷通りとなり、切絵図の右手へ行くと本郷の町に出る。②が中山道。いまの旧白山通りだ。切絵図の左方面へ進むと中山道板橋宿へと至る。つまり、このあたりは地方と江戸をむすぶ街道筋にあたっている。寺が多いのはそのためだ。

　東京都営地下鉄三田線「白山駅」A2出口をあがったあたりが③。界

隈は地図の境界付近にあたり、残念ながら目的地の一部が地図に描かれていないが、切れているところを補強し、傍線で示しておいた。④が浄心寺坂。道沿いにお七の墓所・円乗寺があるところから、別名・於七坂と呼ばれている。

その坂道へ入り、しばらくいくとその円乗寺がある。⑤のあたりだ。境内には本堂などの建て替え工事で入れなかったが、お七の墓所だけは開放されている。それだけいまなお、彼女の生涯を果敢《はか》なむ人が絶えないのだろう。写真（次ページ右）の古びた墓標が有名な歌舞伎役者・初代岩井半四郎建立とされる「八百屋於七之墓」。お七の話は芝居の演目にもなっているからだろう。

天和の大火の際、文京区がお七一家の避難先だとしているのがここ。その答えはひとまず措《お》いて先に進もう。

浄心寺坂を中山道（旧白山通り）まで上がって左折する。しばらくいくと右手に駒込大円寺⑥が見えてくる。「ほうらく（炮烙）地蔵」で知られる曹洞宗の寺だ。その地蔵尊もお七ゆかりのもの。寺伝によると、お七の罪業を救うために自ら熱した炮烙（縁の浅い素焼きの土器）を頭にかぶり、焦熱の苦しみを受けたお地蔵様だという。また、頭痛など首から上の病

Ⓑ 円乗寺にあるお七の墓所

Ⓒ ほうらく地蔵尊・大円寺

気を治す霊験あらかたな地蔵で知られ、祠には病気平癒のために多くの人々がいまも炮烙を奉納している。

この駒込大円寺は、お七放火事件のきっかけになった天和の大火の火元。天和二年の暮れに発生した火事だから北風の季節。大円寺の塔頭の一つから出火し、火の手は北風に煽られて南の方へ広がり、本郷の町を焼き尽くしたものの、皮肉なことに大円寺の本堂などは無事だったといわれる。

くだんの円乗寺はお七一家の菩提寺だったそうだが、火元の大円寺の南にある。つまり、火事の風下に位置しているのだ。それより何より火元に近すぎる。円乗寺から大円寺までは歩いてほんの数分の距離。どうも避難先としては相応《ふさわ》しくない気がするのである。

一方、当時このあたりで最も広い境内を誇っていたのが前出した吉祥寺⑦。火元の北側に位置し、まずまず火元との距離もある。それでは吉祥寺へ行ってみよう。

切絵図に示した矢印に沿って進む。⑧は中山道と日光御成道をつなぐ商店街だが、「昔ながらの」という冠をつけたくなる、どこか懐かしい通りだ。商店街を抜け、⑨の天栄寺に寄り道してみよう。

ここは江戸時代、神田（千代田区）および千住（足立区）とともに江戸三大青物市場の一つだったところ。近郊の農民が野菜を担いで江戸に行商へ向かう途次、天栄寺境内のさいかちの木の下で毎朝休むことを例とした。すると付近の人々が新鮮な野菜を求めて集まり、土地の人々は「やっちゃば」（〝やっちゃ〟は競りのかけ声のことで青物市場全般をさすようになった）と呼んで親しんだという。ここではまた、名産の駒込茄子や大根・人参・牛蒡《ごぼう》など土のついたままの野菜が取り引きされたため「土物《つちもの》店《だな》」ともいわれ、その役割は巣鴨（豊島区）の豊島青果市場に引き継がれている（文京区教育委員会による）。

界隈が街道筋であったがゆえの史跡だ。そのまま日光御成道を進むと南谷寺⑩がある。江戸の五色不動（42ページ参照）の一つ、目赤不動だ。

ここまで来たら吉祥寺はもうすぐ。立派な山門をくぐると、長い参道がつづいている。右手に墓地が広がり、参道の中程に、お七と吉三の比翼塚があった。比翼塚は、愛し合って亡くなった悲恋の男女二人があの世で添い遂げられるようにという思いをこめて葬った塚のこと。

吉祥寺の境内から本郷方面を眺める（この参道の先に山門がある）

E 吉祥寺内の境内にある比翼塚

比翼塚とその脇の大仏をすぎて参道をなおも進む。本堂前には、掛け値なしにだだっ広いという表現がぴったりくる空間がある。切絵図に描かれる吉祥寺も一見するだけで寺域の広さを偲ぶことができる。いまなお、ビル群に囲まれてここだけがぽっかり開いた穴のような静けさと広さを保っているのである。あらためて火事の避難場所として相応しいことを実感した。

墓地のあたりまで参道をもどって山門と街道方向を眺めてみる。天和三年十二月二十八日。正午ごろに火災が発生したというから、ここから街道を望めば、本郷あたり一帯を焼き尽くす炎の群れがはっきり見えたはずだ。お七一家が大八車に家財道具をまとめ、いまにも山門をくぐってくるような気がする。参道には彼女たちの他にも避難してきた人々の姿があったはずだ。

江戸時代、寺には迷子石があった。火事で避難する際、逃

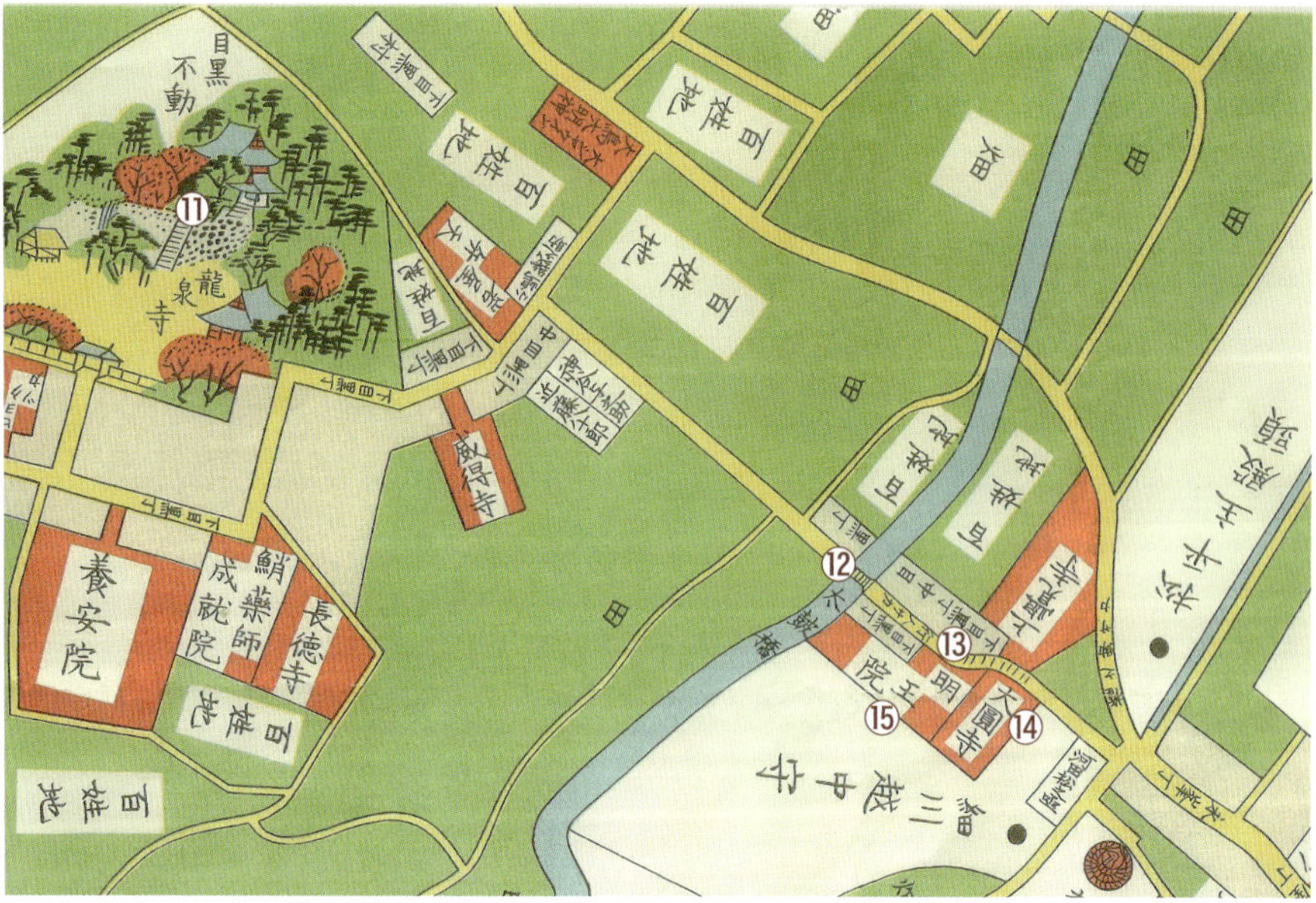

げ惑う人々の群れに紛れ、家族どうしがてんでバラバラになることもあった。だから、迷子石に自分の居所と名前、あるいは別れ離れになった子どもの名などを書いた紙を貼り、迷子になった家族や通行人に知らせた。いまでいう掲示板だ。

それでは透かし見てみよう。僧のかたわらで吉三が心配そうに燃え上がる炎を眺め、お七がその吉三の横顔を凝視している（58～59ページ）。

吉三のその後

その吉三（もしくは庄之介）は『天和笑委集』によると、お七が処刑されたのち、高野山で出家して僧になったことになっている。ここからは、その吉三の物語を紐解いていこう。こちらは目黒の大円寺（天台宗）に伝わる話だ。

お七の処刑後、吉三は剃髪して西《さい》運《うん》と名をあらため、お七の菩提を弔うために念仏を唱えながら全国行脚し、江戸にもどった彼は大円寺の坂下にあった明王院に入った。

目黒界隈の江戸切絵図（右ページ）を見てみよう。⑪が五色不動の一つである目黒不動瀧泉寺、⑫が目黒川にかかる太鼓橋、⑬が目黒不動への参詣路である行人坂で、その坂上に大円寺⑭、坂下に明王院⑮がある。

明王院は明治になって大円寺に吸収され、いまでは境内の一部が目黒雅叙園になっている。現在、明王院の名残りは大円寺本堂の奥に佇む阿弥陀堂だけになってしまったが、その阿弥陀堂には西運上人の木像とお七地蔵尊が祀られている。

西運は明王院に入ったのちもお七の菩提を弔おうと、雪の日も雨の日も鉦《かね》をたたき念仏を唱えながら、浅草の浅草寺まで隔夜日参一万日とい

目黒雅叙園上の大円寺（旧・明王院）にある吉三の碑

目黒雅叙園前の「お七の井戸」

う念仏行をおこなった。その念仏行を二十七年五カ月かけて成し遂げた夜、お七が夢枕に立って成仏したことを告げ、西運は地蔵をつくった。それがお七地蔵尊である。旧明王院の敷地であった目黒雅叙園のエントランスには、西運が隔夜日参一万日の念仏行をおこなう際に水垢離《みずごり》（神仏へ祈願する前に体の垢を落とす行《ぎょう》のこと）したと伝わる井戸がある。

また、西運は多くの江戸市民から浄財の寄進を受け、これを基金に寺門前の行人坂に敷石の道をつくり、坂下の目黒川に石の太鼓橋（当時は雁歯橋《がんしばし》といったそうだ）を架け、社会事業の数々をおこなったという。大円寺の境内には、西運が宝永元年（一七〇四年）につくった太鼓橋の石柱とされる一部が残り、門脇の勢至《せいし》菩薩石像台座には西運の架橋を物語る銘文が刻まれている。

そして西運が太鼓橋をつくっておよそ七十年後の明和九年（一七七二年）二月二十九日、目黒大円寺で火事が発生した。大円寺が火元となって江戸の町をふたたび大火が襲ったのである。これを明和の大火、あるいは目黒行人坂火事という。

駒込の大円寺・目黒の大円寺という同じ名をもつ寺が、天和の大火と明和の大火という火事の火元になってしまったのだ。その偶然もさることながら、お七が恋焦がれ、また、そのお七の菩提を弔う人生をおくった西運ゆかりの大円寺が大火の火元になったというのはもはや、歴史の皮肉としかいいようがない。明暦の大火と天和の大火につづき、三回目の〝お七繋がり〟である。

すべてはお七の業の深さゆえなのか。それとも、あの世にいってもまだ吉三に逢えず、火事を起こしたらまた逢えるという切ない乙女心のなせるわざなのだろうか。

あらためて、比翼塚のごとくあの世で二人幸せに暮らしてほしいと切に願うものである。

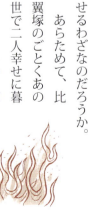

本所松坂町 ❖ 吉良邸からの凱旋

ご存知「忠臣蔵」のクライマックス、討ち入りの舞台。邸内を逃げ回った吉良上野介が潜んでいた意外な場所、はたまた、上野介の遺体の胸にあった無数の刀傷の謎などなど。討ち入りの謎解きと浪士たちの凱旋シーンから〝真実の忠臣蔵〟を読み解いていこう。

赤穂浪士討入り「実録ルポ」

東京都墨田区両国三丁目二番地に「前原米店」という米屋があった。正確にいうなら、江戸本所二ツ目相生町二丁目に元禄十五年（一七〇二年）十二月十四日まであったというべきだろう。

米屋の目の前には、通りをはさんで旗本屋敷のなまこ塀がつづいている。吉良上野介義央《よしなか》の屋敷だ。赤穂浪士の前原伊助が米屋五兵衛と名を変え、監視目的で米屋を開業していたのである。

「よくもまあ、こんな〝いい物件〟が見つかりましたね」

筆者が主宰する町歩きの会で旧吉良邸跡を訪ねたとき、会員の一人がそういって感心していた。米屋は吉良邸の西南の角地付近にあたり、角を曲がるとすぐ屋敷の裏門。人の出入りがよく分かる。いわば、吉良邸の動きが〝まる見え〟の立地にあるのだ。たしかに吉良邸の動きをつかむにこれほどの〝物件〟はない。

十二月十四日は、上野介との刃傷《にんじょう》沙汰で一方的に切腹を申し渡された浅野内匠頭長矩《たくみのかみながのり》（旧赤穂藩主）の月命日。亡き主君の遺恨を晴らすべく、この夜、上野介が在宅している事実をつきとめた浪士たちは、各所

Ⓐ 前原伊助邸跡の説明図

の潜居先から堀部安兵衛の道場（墨田区立川三―十五の安兵衛公園）と杉野十兵次（墨田区立川三―十七）の借宅へ集合して装束をととのえ、十五分ほど歩いて「前原米店」へ入った。

午前三時を少しまわったころだろうか。現代なら日付は変わっているところだが、江戸時代は夜明けとともに日付変更とみなされていた。よって、明け方近いといってもまだ、月命日のうちだ。米屋から浪士たちが昨夜までの雪で白く光る通りへと姿を現し、二手に分かれた。

吉良邸の表門と裏門から討ち入る手筈はついている。

「火事と申し候て――」

つまり、浪士たちは「火事だ」といって門を開けさせようとした。その三十年前の寛文十二年（一六七二年）二月二日、牛込の浄瑠璃坂（新宿区市谷砂土原町付近）で討ち入り事件があり、そのとき討ち入った側は「火事だ」といって開門させている。これを浄瑠璃坂の仇討ちといい、赤穂浪士の事件が起きるまで、仇討ちといったらこの事件をさしていた。だから、赤穂浪士らは浄瑠璃坂の事件を参考に、思い思いの姿ながら火事装束に身をつつんでいたのである。

しかし、門の隙間から外を覗いた裏門の番人は、火事装束の男たちが大勢いたことを確認したものの、どこにも火事が起きているようには見えず、門を開けずにいたところ、浪士らが掛矢《かけや》（大きな木槌のこと）で門を打ち破り、邸内に押し入ってきたという。表門では浪士らは梯子をかけ、屋根に上がって邸内へ侵入した。

浪士たちは邸内の間取り図をもっていたと思われるが、邸内は広い。二千五百坪はある。いまなら常識ハズレの大豪邸だ。しかも、これはあとで分かることだが、史料によると当夜、吉良邸には中間《ちゆうげん》をあわせ、計八十九人の家臣が詰めていた。実際にはもっと多く、百名以上はいたともいわれる。一方、浪士方はご存知のとおり四十七士。

そこで浪士たちは、吉良方の出鼻をくじく作戦にでた。家臣が居住する長屋の戸を鎹《かすがい》で打ち付けてまわり、長屋の前に監視役を立たせた。そうすると吉良家の家臣が異変に気づいても、なかなか出てこられない。事実、吉良家の足軽はのちにこう証言している。

「いったん、長屋をでて浪士らに向っていきました。ところが、先手の者一人が鑓で突かれたので、怪我を負った彼を長屋へ連れもどしました。そして、ふたたび長屋を出ようとしましたが、戸が開かず出られなくなってしまったんです」

浪士たちの乱入を知った吉良方はむろん、慌てたことだろう。少なくとも五人は寝込みを襲われ、不意討ちをくらい、一瞬のうちに絶命している。浪士たちが鎖帷子《くさりかたびら》などで防備しているのに対して吉良家の家臣のなかには寝間着のまま飛び出した者もいただろう。検視の結果、その五名には斬り合った形跡がなかったことから判明した事実だ。

生き残った吉良家家臣の証言からは別の事実も浮かび上がってくる。吉良方の一人は、「なにとぞ切り抜け申したく存じ候えども手負、働きなりかね申し候」、つまり、何とか防ごうとしたが、傷をおって存分に働けなかったと述懐している。浪士らが亡き主君の仇討ちに燃える一方、吉良方の士気は寝込みを襲われたこともあって振るわなかった。よって、ケガを負ったらもうお仕舞。必要以上に戦わなかったのだろう。

浪士たちも相手の命を奪おうとせず、傷を負わせて戦闘能力を奪うことだけを考えていたのである。

とくに家老の小林平八郎の最後はあまり褒められたものではなかった。彼は邸内の自分の住居から出てきたところを浪士に搦め取られた。浪士が「上野介の寝所まで案内せい！」と脅したが、小林は「わたしどものような下々の者が知っているはずはございません」といってごまかした。だが、とても下々の者とは思えない。浪士が「下々の者が絹の衣類など着るか！」といってそのまま首を刎《は》ねたという。

もちろん、吉良方にも気骨のある武士は数名いたようだ。中小姓の清水一学から坊主・中間に至るまで計十六名の死者の名が確認されているが、このうち五人は前述したとおり、不意を打たれて即死。残る十一人は遺留品の刀や脇差から、浪士側と斬り合った末の討ち死にだったことが分かっている。

上野介の「首」

ともあれ、時代劇などではこうして上野介は炭小屋に隠れていたところを見つかり、首を刎ねられたことになっている。

だが、上野介は炭小屋にはいなかった。記録類にはまったく別の証言が採録されているからだ。まず、上野介は側用人の鳥居利衛門・須藤与一右衛門両人とともに邸内を逃げ回り、隠れていた台所の物置で捕らえられる。では、なぜ台所の物置が炭小屋になったのだろうか。台所だからむろん調理に使う炭をどこかでストックしておかねばならず、上野介が隠れていた物置は炭置き場として使っていたところからくる誤伝だろう。

ともあれ浪士らは松明《たいまつ》や提灯をかかげて邸内をくまなく探し、台所の裏に物置があるのを見つける。彼らが物置へ踏みこもうとすると二人の男が中から飛び出してきた。側用人の鳥居と須藤だ。浪士たちはその二人を斬り捨てたあと、物置を覗いてみると、もう一人いた。間《はざま》十次郎が鑓で突き刺した。

その〝もう一人〟は、白小袖姿の総髪の老人だった。老人は十次郎の鑓ですでに息絶えている。

「もしや、上野介ではないか」

浪士たちに緊張が走る。そう、当時は写真のない時代。浪士の誰も上野介の顔は分からない。ただ、内匠頭が刃傷に及んだ際、上野介は額と背中に傷を負っている。額の傷は血塗られて判別できなかったが、背中には傷があった。捕らえておいた吉良方の足軽に確かめさせると、その足軽は命と引き換えに上野介だと認めた。

こうして間十次郎が大手柄をあげたわけだが、「彼は刀で上野介の首を取っただけ。その前に武林唯七の鑓で絶命していた」とする史料もあり、また、上野介の胸にはいくつも刀で刺し貫かれた跡があったともいう。

もしかすると、「もはやここまで」と覚悟を決めた上野介が物置から脇差を持って飛び出し、額の傷と老人という共通点から瞬間的に上野介だと判断した浪士数人がほぼ同時に、主君の恨みをこめて総髪の老人の胸を刺し貫いた！といったことがあったのかもしれないが、そんな光景はあまり想像したくない。「義士」というイメージとかけ離れてしまうからだ。

　赤穂浪士をテロリスト集団と酷評する人もいる。たしかにいまならそうだ。だが、浪士たちは赤穂藩が取り潰されておよそ一年半、艱難《かんなん》辛苦を乗り越えてついに主君の仇を討ったのである。さぞ、誇らしかったことだろう。その凱旋シーンを見たいと思った。

　浪士たちが上野介を討ち取ったのは明け六ツ（午前六時）前。日の短い季節だから、当然まだ夜は明けていない。しかし、浪士の一人、近松勘六の下男が上野介をみごと討ち取った浪士たちに餅を配っていたという記録もある。まだ明け方前とはいえ、三十分もすれば夜が明けるし、噂を聞きつけ、浪士たちが引き揚げていく姿を一目見ようと近所の町人らが駆け付けていたかもしれない。その見物客に紛れこみ、浪士たちの〝晴れの行進〟を見てみようと思った。

　幕末の切絵図（次ページ）で四角く囲ったところが吉良邸跡。幕末には松坂町一丁目と二丁目の町屋になっているが、元禄のころ、そこに吉良邸があった。①が「前原米店」。

B 本所松坂町公園

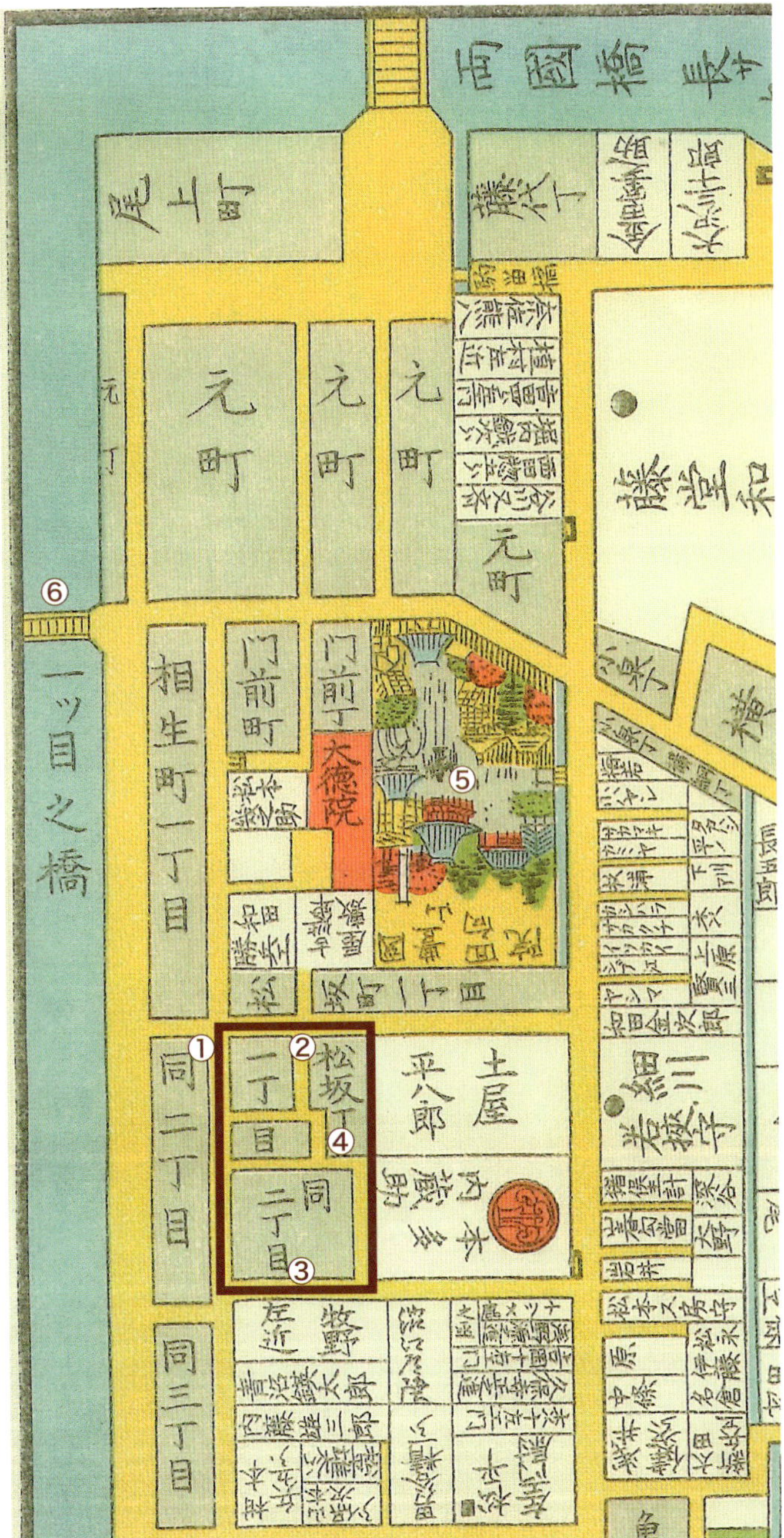

店前の四辻に立って、いまではマンションや雑居ビルが建ち並ぶ区画に漆喰のなまこ塀がつづく光景を想像してみたが、説明板がなければ何の変哲もない下町の一角だ。②の位置に裏門、③に表門の説明板がある。裏門の説明板を読んで辻を曲がり、吉良邸だった区画内に入ると、ホンモノのなまこ塀が見えてきた。④のあたりだ。

本所松坂町公園という。公園の敷地内には浪士たちが吉良の首を洗ったと伝わる井戸が残っており、戦前、町内の有志がその井戸の周辺の土地を買って東京市へ寄付し、昭和二十五年（一九五〇年）、墨田区の公園となった。公園の敷地はおよそ三十坪。実際の吉良邸の八十分の一の規模だ。

　井戸はたしかに古そうだ。なまこ塀内側のパネルには吉良邸の間取り図が嵌めこまれていた。頭の中で吉良邸の区画と間取り図を合わせてみた。

「もしかすると……」

　間取り図に「台所」と書かれた場所がこの公園の位置とほぼ重なり合う気がする。間取り図には台所の脇に「物置」もある。だとしたら、まさにここは――。

「吉良上野介殿、首級《みしるし》頂戴いたす！」

　と、時代劇で大石内蔵助が大見得切る〝現場〟近くにいることになる。ならば、浪士たちは頂戴した上野介の首をこの井戸まで持ってきて、本当にここで洗った⁉

　妄想はどんどん膨らむ。だが、間取り図には裏門近くにも「台所」と書かれている。つまり、台所は邸内二カ所にあったのだ。あとで別の間取り図を探してみると、裏門近くに「隠居部屋」と書かれ、そこにも物置がある。上野介は孫の左兵衛義周《よしちか》に家督をゆずって隠居している。となると、隠居部屋近くの物置に潜んでいたとみるのが自然。「首級頂戴

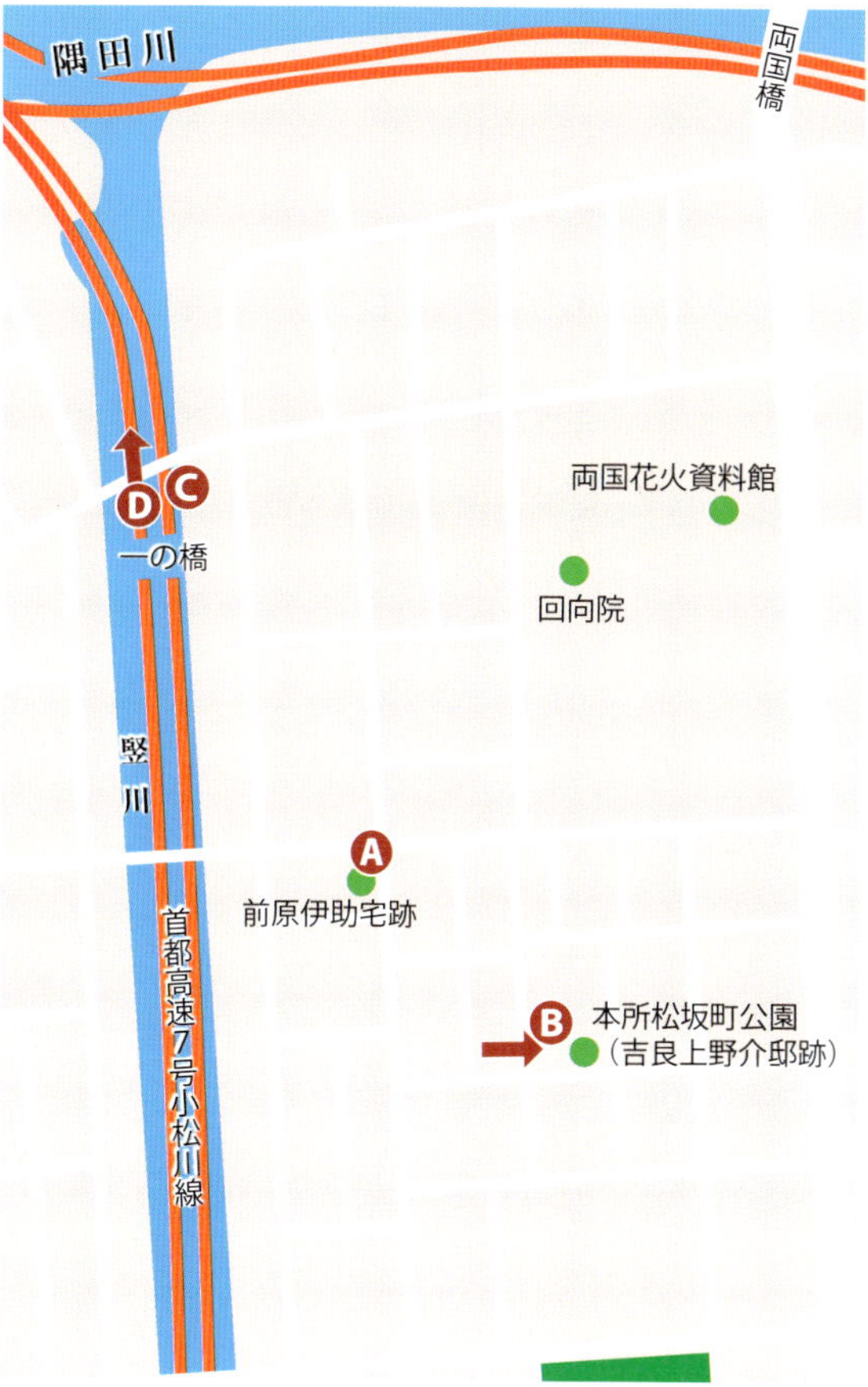

!」の〝現場〟はここでないことになる。もちろん、公園内の井戸で浪士たちが上野介の首を洗った可能性は捨てきれないものの、仮にその井戸が元禄時代からのものであったとしても、首洗い井戸というのは伝承にすぎない。

　ともあれ、浪士たちはその首を上野介の白い小袖につつみ、鑓の柄にくくりつけた。いよいよ凱旋がはじまるのだ。

赤穂浪士、堅川の「一ツ目之橋」を渡る！

　浪士らは裏門に集まり、吉良邸を後にする。この引き揚げ開始の時刻については史料や研究者によって若干の差異がみられるが、筆者は、財団法人中央義士会監修の『赤穂義士の引揚げ』（街と暮らし社）にしたがい、江戸市中の「時の鐘」が明け六ツの鐘を鳴らしたころとしたい。

　浪士は四十七士全員無事だったものの、負傷者もいて、休息する場所が必要だった。そこで浪士らは、切絵図にも描かれる無縁寺へ向かった。回向院《えこういん》⑤という名のほうが知られている。振袖火事と呼ばれる明暦の大火（一六五七年）の焼死者を葬り、のちに無縁仏も埋葬するようになった。しかし、関わりを恐れた回向院は、浪士たちを寺内に入ることを許さなかった。

　一行はやむなく両国橋の東詰で休息する。体を休める目的のほか、もう一つ、米沢藩邸からの討手《うって》をここで迎え討とうとしていたのだ。上野介の長男は米沢藩上杉家へ養子にだされている。したがって、当時の米沢藩主上杉綱憲は上野介の血を分けた実子。浪士たちが予測していたとおり、上桜田（千代田区）の米沢藩上屋敷では、討手差し向けの準備をしていた。吉良邸近くの豆腐屋——豆腐屋の朝は早いのですぐ異変に気づいたようだ——から注進を受けていたのである。

　だが、豆腐屋は四十七士の人数を三倍以上に見積もり、「百五十人程、夜討ちに押し込み候」と伝えている。米沢藩ではそれだけの人数に備えるため、家臣を麻布（港区）の中屋敷からもかき集め、そうこうするうちに余計な時をついやしてしまった。

　一方、浪士らも討手は来ないとみて橋を渡った。

　さてここで、その「橋」が問題となる。歌舞伎や時代劇では、赤穂浪士一行が引き揚げに使う橋は両国橋

本所松坂公園内の吉良上野介坐像

みしるし洗いの井戸

と相場が決まっている。浮世絵に描かれる両国橋は丸みを帯び、まだ雪残る橋の上を浪士たちが鑓先にくるんだ上野介の首を高々と掲げて渡る図はたしかに絵になる。しかし、残念ながら史実はちがう。

明けて十五日は大名の登城日にあたっていた。両国橋を渡った先には大名屋敷が多い。大名の行列と鉢合わせし、いらざる混乱を招くことを極力避けねばならない。上野介の首を挙げてもまだ浪士たちの使命が終わったわけではない。内匠頭の菩提寺である泉岳寺（港区）で主君の墓前に上野介の首を供え、初めて使命を全うするのである。

浪士らは両国橋東詰から南へ下り、竪川《たてかわ》にかかる橋を渡った。竪川

Ⓒ一ツ目橋（現いちのはし）の欄干

は、幕府が本所の開発のほか、塩などを浦安から運ばせるために小名木川とともに開削した運河。その竪川には、大川（隅田川）へ注ぎこむ下流から順に「一ツ目之橋」「二ツ目之橋」「三ツ目之橋」が架橋されている。浪士が渡ったのは一ツ目之橋⑥。筆者もそこへ向かう。

橋を渡ったあたり、大川側の歩道に人だかりが見えた。作業着らしき姿の男もいる。何人かが水門へ目を向けている（Ⓓ）。

そう、水門。水量調節のため水の取り入れ口にもうける門のことだ。

しばらくするとタグボートのような小船が一艘、大川から水門をくぐり、竪川へ入ってきた。例の人だかりは水門の開閉に携わる東京都の職員かもしれない。なんだか、いいものを見た気分だ。

いやいや、そんなことに気を取られてはいけない。間もなくこの橋に浪士たちがやって来るからだ。彼らが午前六時に吉良邸を後にしたとすると、回向院で休息を断られ、両国橋東詰でしばし体を休めているから、彼らがこの橋にさしかかったころ、しらじらと夜が明けはじめていただろう。

やはり、赤穂浪士の凱旋を見届けるのは橋の上でなければならない。では、彼らの凱旋を透かし見てみよう（74～75ページ）。

先頭は三人。真ん中が神崎与五郎で、その左右に茅野和助と三村次郎左衛門。真ん中で誇らしげに胸を張る与五郎の姿を見ているうちに自然と涙がこぼれてきた。

神崎与五郎、当年三十八歳。旧赤穂藩徒士《かち》目付で五両三人扶持。文武両道の士である。江戸への下向途上、箱根山で有名な逸話を残した浪士だ。「馬に乗れ」と執拗《しつよう》にからんでくる馬子《まご》が高飛車に出ても、与五郎は丁重に断るばかり。そこで馬子は神崎を腰抜けとみて、無理難題を押し付けてくる。「詫び証文を書け」だの、挙句には「俺の股をくぐれ！　そしたら許してやる」ときた。

しかし、ここで騒ぎになって同志が宿願を果たせなかったら、それこそ悔やんでも悔やみきれない。神崎与五郎、男である。彼は恥を忍んで馬子の股をくぐる。「与五郎の股くぐり」というお話だ。ちなみに、馬子は腰抜けの与五郎に罵声を浴びせかけて立ち去るが、のちに彼が赤穂浪士の一人だと知り、おのれを恥じて出家したという。

もちろん、作り話だ。だが、時代劇でこのシーンを見るたびに、嘘だと分かっていてもつい涙ぐんでしまう。筆者だけではないだろう。日本人という民族はどうも、この手の話に弱いようだ。

さて、先頭の三人につづいて上野

水門の開いた竪川（一之橋の上から）

介の首を鑓先に掲げながら潮田又之丞が進み、その後ろには、上野介を討ち取った間十次郎、村松喜兵衛、岡島八十右衛門、奥田貞右衛門の四人。その後ろが大石内蔵助の嫡男、主悦《ちから》。まだ十六歳。部屋住みのまま仇討ちに加わり、裏門の指揮をとった。まだまだ浪士たちの凱旋はつづくが、書いていたらキリがない。筆者の前をどんどん浪士たちが誇らしげな顔で通りすぎてゆく。

とにかく彼らの足が早い。吉良邸から泉岳寺まではおよそ十二キロある。到着が午前九時ごろだから、二時間半ほどで十二キロの行程を走破したことになる。時速およそ五キロ。いわゆる〝早歩き〟といわれるスピードだ。

凱旋のクライマックス！築地「旧赤穂藩邸」

こうして一ツ目之橋を渡る浪士たちの中には水門の方へ目をやって通りすぎていった者がいたかもしれない。この時代、もちろん、堅川と大川の合流地点に水門があるはずはない。しかし、一昨日までは雪が降っていた真冬の早朝だ。大川の川面からの冷たい風に顔を向け、宿願を果たした高揚をおさえようとした浪士はいたはずだ。

この先も凱旋は決して楽ではなかった。

一ツ目之橋を渡った浪士たちは大川の左岸（東岸）に沿って南下する。新大橋東詰にも両国橋と同じく広小路（火除け地）があり、駕籠が客待ちしていた。そこで駕籠を拾い、怪我人を乗せた。その後、浪士らが永代橋東詰にさしかかると、そこにあった味噌店（ちくま味噌）の初代竹口作兵衛が浪士の大高源五と俳諧の友であった関係から、一同は快く招き入れられ、温かい甘酒が振る舞われたといわれる。

回向院に断られた一行としては、その心遣いが身に染みたにちがいない。源五は友（初代作兵衛）へ感謝の気持ちから、棟木に由来をしたためた。しかも、その棟木、関東大震災で焼失するまで、歴代当主に引き継がれてきたという。しかし、この美談には、まったく別の真実が隠されている可能性があるという。

初代の竹口作兵衛は典型的な伊勢商人。十七世紀後半に江戸へ進出後、漆器店や米穀店、両替商、廻船問屋などを営んだ。竹口家はいまでいう複合企業として、さまざまな業態を傘下に収める経営形態をとり、その一つが味噌業であった。ちくま味噌は、味噌醸造のための蔵（工場）の拡張や増築を進めていた。浪士凱旋の日も、味噌醸造蔵の一つで増築の棟上げ式がおこなわれる予定であった。

一ツ目橋（現いちのはし）の説明板

筆者はテレビの収録で、初代から数えて十七代目の竹口作兵衛氏とご一緒させていただいたことがあり、その際、こんな話をお聞きした。

伝承では初代作兵衛が招き入れたことになっているものの、大高源五と顔見知りの当主は当時、茅場町に住んでいた。知らせがあって永代橋の店まで駆けつけたとしても、少なくとも十五分程度の時間がかかったはず。当然、早朝に浪士集団に押しかけられた店では主人不在で訳がわからず、たまたま当日に用意されていた棟上げ式用の酒を浪士らに恐る恐る出したのではないかと。かつ、浪士たちに酒を振る舞ったというのは憚《はばか》られるから、姿かたちの似た甘酒を振舞ったという話になったのではないかと――。

さて、ちくま味噌で甘酒もしくは酒を振舞われた浪士たちは永代橋を渡る。浪士らはここで府内に入るが、異様な一団が屋敷の前を通ったため、丹後宮津藩奥平家の家臣が浪士らを尋問している。ただ、浪士の奥田孫太夫が身分を証し、吉良邸討ち入りという本懐を遂げたことを打ち明けたため、大きな騒動にはなっていない。

その宮津藩邸の隣は、当時すでに若狭小浜藩酒井家の藩邸になっていたものの、かつてそこには赤穂藩浅野

家上屋敷があった。

　ところが、浪士らはここで不思議な行動にでる。築地川沿いの道へでると、彼らは旧赤穂藩邸の門前へ向かわず、北へ向かった。泉岳寺のある南とも逆方向だ。一行は、築地川に架かる軽子橋を渡り、築地川の対岸の道を南へ下り、築地へと向かった。わざわざ彼らは迂回していることになる。

　理由は二つ考えられる。まず第一に、旧赤穂藩邸の門前で現在の持ち主である酒井家との間で小競り合いになる愚を避けたかったこと。だが、それ以上に、浪士たちには、築地川の対岸から旧藩邸を俯瞰しようとする思いが強かったのではなかろうか。少し離れたところから俯瞰したほうが全体を隈《くま》なく見渡すことができる。

　浪士たちは、築地川越しに旧藩邸を眺めつつ、浅野家断絶以来、一年半以上におよぶ苦難の日々を思い起こし、万感胸に迫る思いだったのではなかろうか。凱旋のクライマックスシーンといえようか。

　その後、浪士たちは築地本願寺の塀に沿って南へ進んだ。このとき、浪士の間新六が金子を鑓へ結わえ、塀越しに境内へ投げ入れている。本願寺は姉の嫁ぎ先の菩提寺であり、新六は、この金で自分を弔ってほしいと思い、投げ入れたのであろう。このため、切腹した浪士のうち、彼だけが本願寺に埋葬されている。泉岳寺にある間新六の墓は供養塔だ。

　一行はこののち、三十間堀沿いに南へ進み、汐留橋を経て旧東海道へ入った。彼らは仙台藩伊達家の藩邸前を通過することになるが、伊達家の家臣からも尋問されている。しかし、このときも事情を聞いた伊達家側では了承して、屋敷前を無事通過させている。

　このように赤穂事件は、吉良邸討ち入りで終わりではない。そこからまたドラマが生まれていたのである。

吉原❖遊郭街を〝冷やかす〟

山谷堀にかかる紙洗橋付近には浅草紙の作業所が集まっていた。
遊女にとって後始末のための紙は欠かせないもの。
浅草紙の原料である紙屑を紙舟に入れて
山谷堀の流れにさらしておくことを「冷やかす」と呼ぶ。

♪嬉しの森や、枕橋

江戸時代、小唄にそう歌われた枕橋は、向島（墨田区）の源森川《げんもりかわ》（北《きた》十間川《じっけんがわ》）にかかる橋。その橋の上に立って東を望むと、スカイツリーが美しいシルエットを川面に映し、いまどきの言葉でいう〝インスタ映え〟するスポットとして有名になっている。江戸時代、枕橋が向島の玄関口だった。

幕末の切絵図（次ページ）に「源森橋」（源兵エ橋）①とあるのが枕橋のこと。橋の名はしばしば変わる。ちなみに、「小梅村」②とあるところにスカイツリーが建っている。

枕橋の右手に「水戸殿」③とあるのは水戸藩下屋敷。水道橋（文京区）にある上屋敷の別邸として建てられ、その庭はいまの隅田公園に引き継がれている。江戸時代、邸内は鬱蒼《うっそう》として森のように見えたのだろう。小唄にいう「森」というのは「水戸殿」のことだと考えられる。

吉原遊郭（台東区）をめざす遊び人が家を抜け出して柳橋あたりの船宿で仕立てた猪牙船《ちょきぶね》（猪の牙のように舳先《へさき》が細長く尖った屋根なしの小舟）に乗り、大川（隅田川）をさかのぼって、川の右手に枕橋と水戸藩邸の森が見えるところまで来ると、

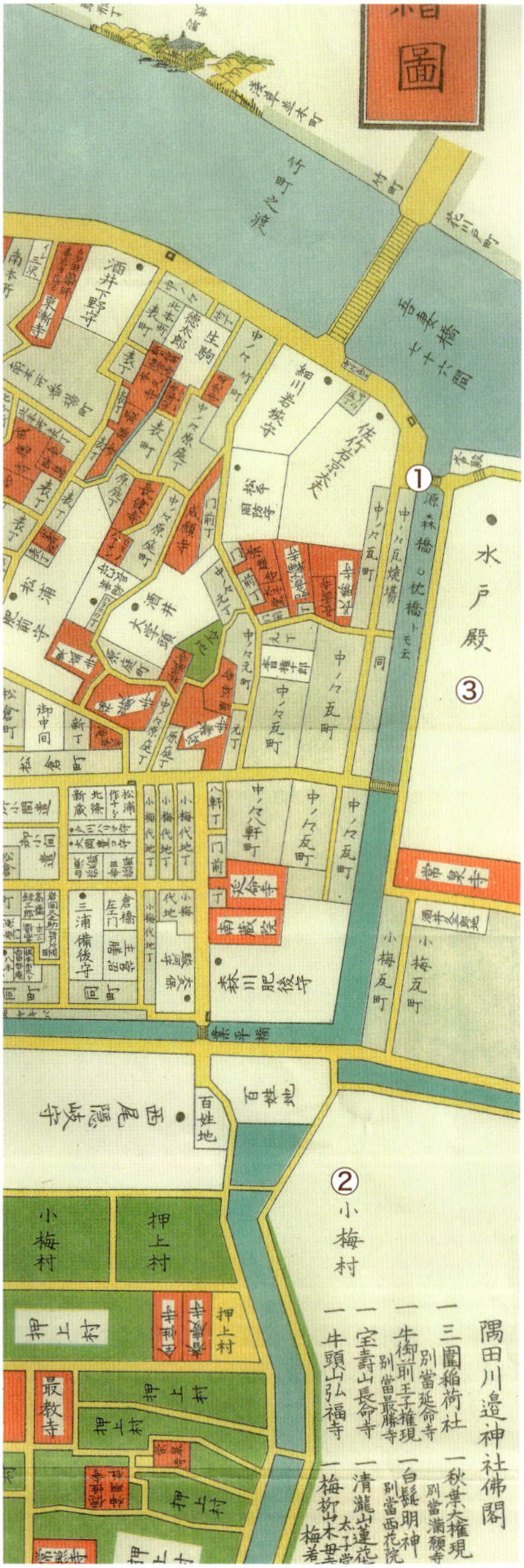

「しめしめ。ここまで来たらもう大丈夫」

と顎を撫でてほくそ笑んだところから、先の小唄で「嬉《うれ》しの森」と歌われたという。

「ちょっとアンタ、どこへ行くつもりなんだい？　まさか吉原じゃないだろうね」

「何いってやがる！　この俺に吉原通いできる甲斐性があるとでも思っていやがるのか！」

という夫婦《めおと》のやりとりから解放された遊び人の男たちの高ぶる気持ちを象徴する小唄だ。

ここで別の切絵図（81ページ）をご覧いただきたい。枕橋を右に見て、なおも猪牙船で進むと右手に三囲《みめぐり》稲荷の鳥居が見えてくる。その鳥居が見えたら取舵（左折）いっぱい。山谷堀④の栈橋に舟をつける。山谷掘は、石神井池（練馬区）を水源とする音無川（石神井川）の流れを引いて根岸・三ノ輪方面から大川へ流しこむ役目をなす掘割だ。いまは埋め立てられているが、一部、山谷堀公園として桜並木のグリーンベルトがつづいている。

その山谷堀にかかる紙洗橋⑤付近には浅草紙の作業所が集まっていた。遊女にとって後始末のための紙は欠かせないもの。浅草紙の原料である紙屑を紙舟に入れて山谷堀の流れにさらしておくことを「冷やかす」と呼ぶが、その間、次の工程へ入れず時間をもてあました職人が吉原へ行き、実際に登楼せず、張見世《はりみせ》（客が遊女を品定めするウインドウのようなもの）の格子越しに遊女をからかうだけで帰ってしまうことが多かった。いまでも買う気のない客を「冷やかし」というが、職人たちが紙を「冷やかす」間に吉原通いしていたことから付いた名だという（みちくさ学会『遊女と紙の文化史　山谷堀〜吉原遊廓』による）。

　さて、山谷堀の桟橋に舟を寄せた客は船宿で休憩したのち、徒歩か駕籠で吉原へ向かうわけだが、その道が日本堤⑥だ。土手道ともいい、いまでも土手通りと呼ばれている。

　その名のとおり、もともと大川の出水を防ぐための堤防だったが、吉原遊郭が生まれてからは吉原通いの道となった。吉原の入口まで「土手八町」と呼ばれ、距離が八町（およそ八百七十メートル）あった。もちろん、土手道だから周囲の道より高くなっている。江戸時代の浮世絵、国会図書館蔵の安藤広重『江戸名所百景　よし原日本堤』（左）には延々と土手道がつづく光景が描かれている。

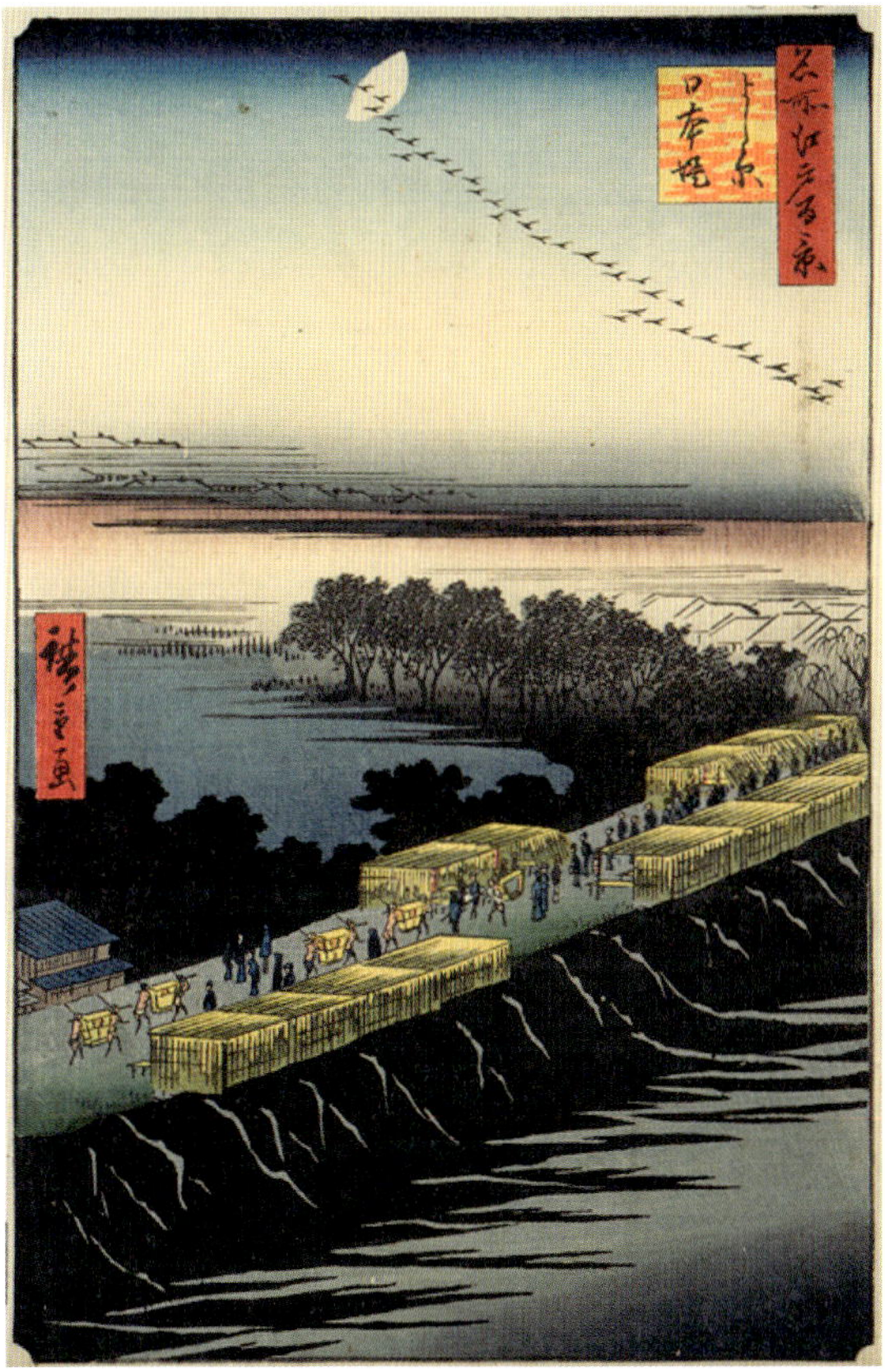

安藤広重『江戸名所百景　よし原日本堤』

浮世絵には、土手道に並ぶ小屋がいくつかみえる。水茶屋や食べ物屋だ。水茶屋は、釜で沸かした湯茶を振舞う店。いまでいう喫茶店のようなものだが、必ず水茶屋には看板娘がいて、なかには〝連れ出しオーケー〟の店もあったという。

また、江戸時代が終わって文明開化の時代になると、桜鍋がブームになった。土手の上にはピーク時に二十軒の桜鍋屋、つまり馬肉を食べさせる店が軒を連ねた。遊郭に居つづけるときの昼めしに、夕方、遊郭へ繰り出す前の腹ごしらえに重宝した。何しろ馬肉だ。〝馬力〟がつく。これから遊女とひと汗かくには馬力が必要だ。

いまも一軒だけ、明治三十八年（一九〇五年）創業の『中江』が吉原で伝統を守り、店舗は登録文化財になっている。

土手と吉原
（見返り柳・衣紋坂・五十間道・大門・お歯黒どぶ・仲ノ町通り）

吉原通いする客は、山谷堀から上がって日本堤を進むパターンのほか、浅草寺東側の馬道⑦を使うルートや三ノ輪方面から日本堤を使うケースなどいくつかあった。ちなみに、馬道というのは、侍が馬に乗って吉原通いしたことに由来するという。この場合も、最後は日本堤を通る。

つまり、どのルートをとっても最後は土手道を歩くか、そこで駕籠を使うことになる。いま、筆者がその目の前に立っている桜鍋『中江』も「土手の中江」として知られていた。数軒先には『馬肉の千葉屋』の看板があがっている。馬肉専門の小売店のようだ。その店の看板にも「吉原土手」とある。そう、やはり、ここは土手なのだ。

土手通りをはさんで車道の向こう側、やや左方向に六代目になるという「見返り柳」が見える。江戸時代、帰る客が名残り惜しそうに遊郭を振り返ったことから命名された柳だ。

Ⓐ 桜鍋の『中江』（現在この「中江」の看板は外されている）

土手からゆるやかに「衣紋坂《えもんざか》」を下ってゆく途中の左手に見返り柳が植えられていた。あたりには高札場があり、医師のほかに乗り物に乗ることを禁じるといった決まり事が掲げられていた。

いまでは土手道は舗装された土手通りに変わり、ここが土手の上であったようには思えない。ただ、土手通りの一本東側の路地に入ると道が土手通りからやや落ちこんでいることがかろうじて分かる。当時の土手道の痕跡としてはそのくらいだ。

『中江』の前の歩道を少しもどって、「吉原大門《おおもん》」

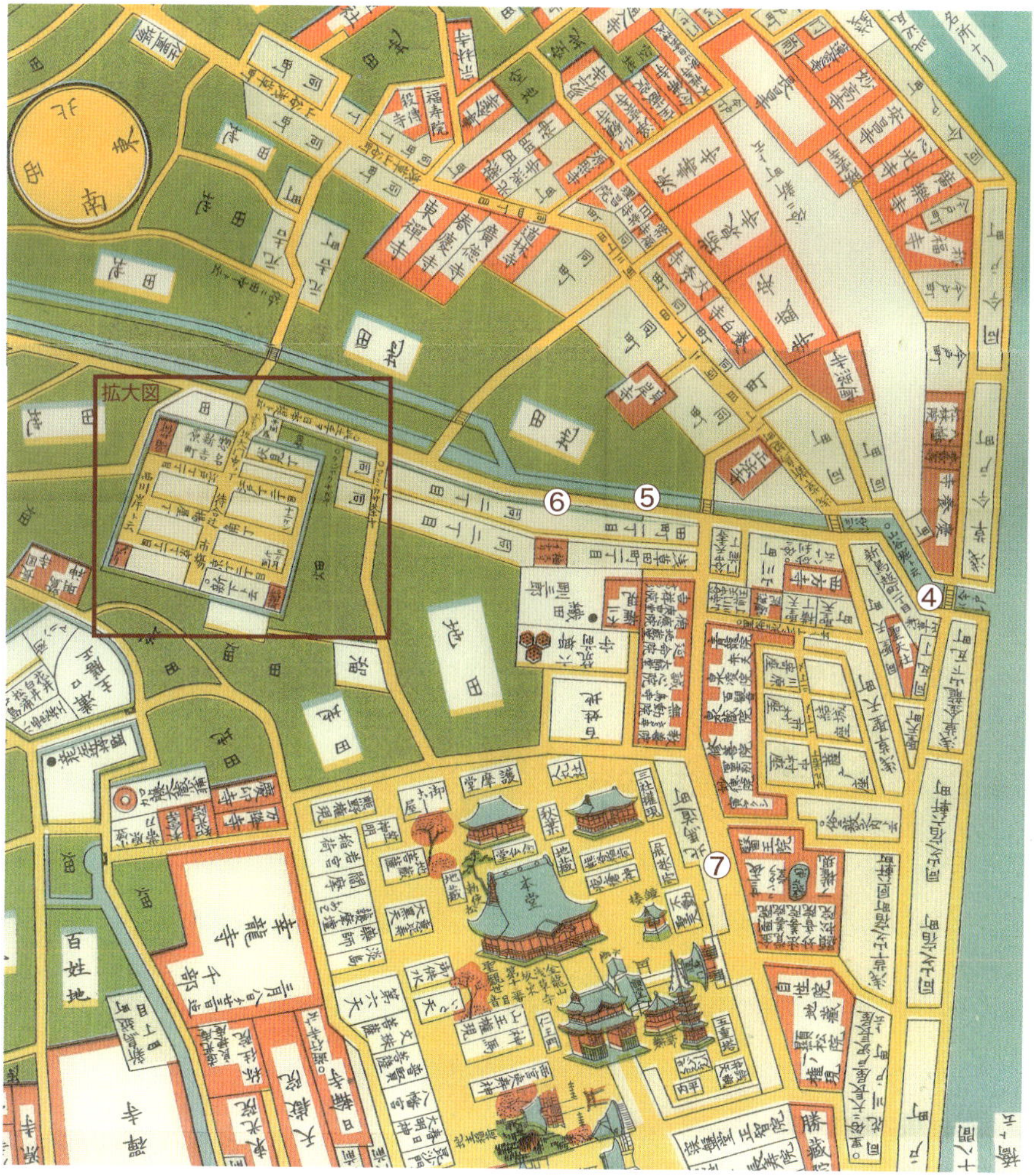

の交差点前に立った（84ページ写真）。横断歩道をわたった先、ガソリンスタンドの前に見返り柳がある。吉原の〝正門〟といえるところだ。せめてここから往時の土手道のにぎわいを透かし見たくなった（90～91ページ）。

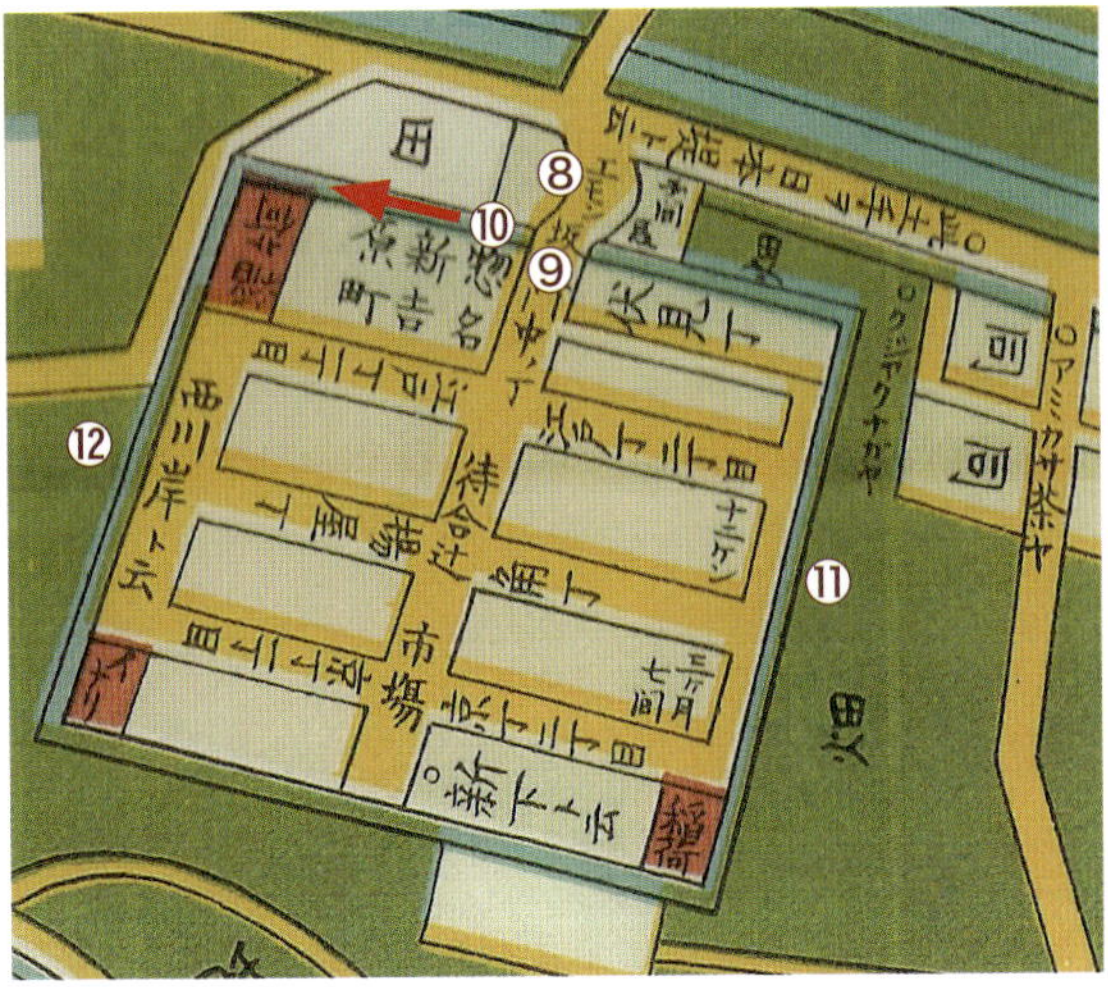

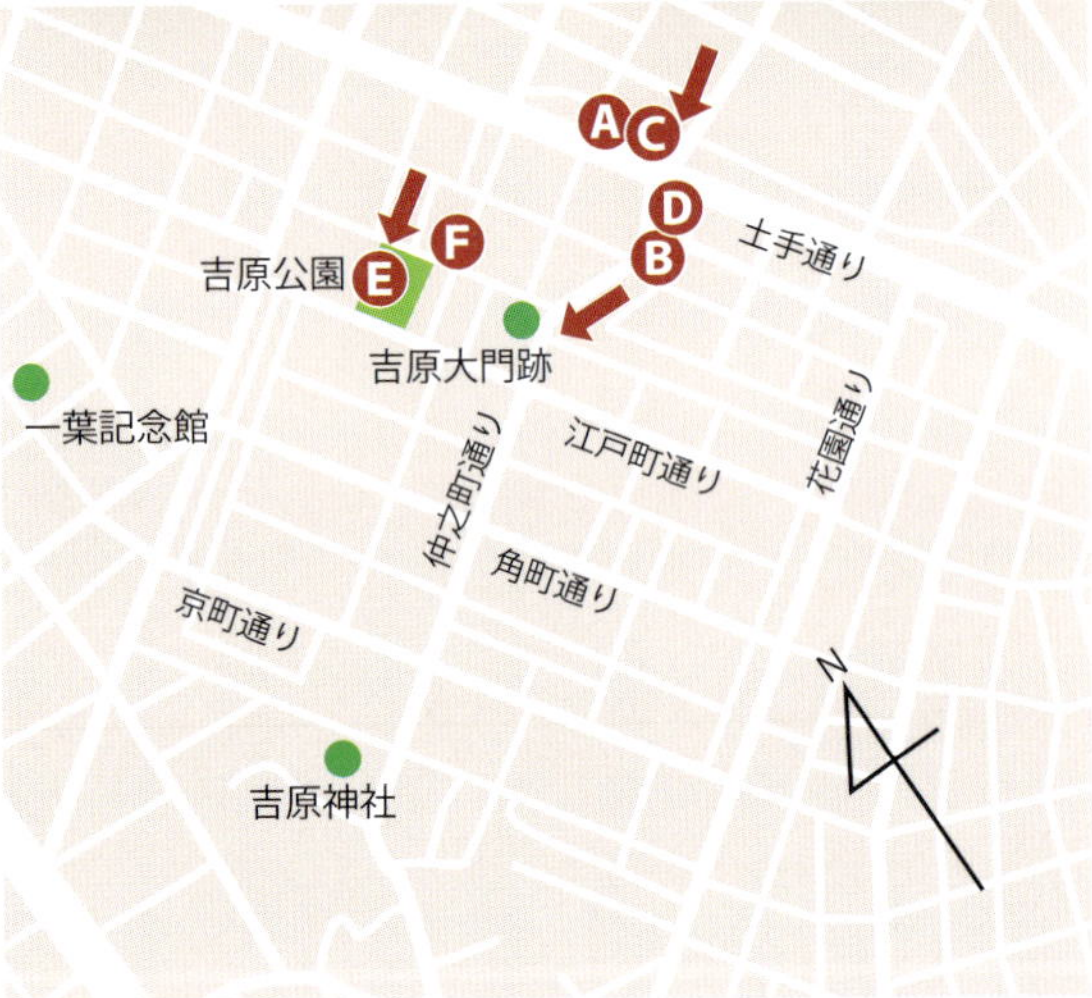

　土手の上を大勢の人が行き交っている。見返り柳右手の「く」の字に折れ曲がった道が「五十間道《ごじっけんどう》」。遊郭の部分を拡大した切絵図で確認していただくと、その曲がり方がよくお分かりいただけよう⑧。いまなお、同じように道がくねっている。「大門」までの距離が五十間（およそ九十メートル）あり、両側には水茶屋などが並んでいた。当時は土手道と遊郭との高低差がかなりあり、このように道を曲げてゆるやかな坂道とした。ちなみに、客が大門をくぐる前に、着衣を正したことから、衣紋坂の名がついた。駕籠でこの五十間道を通り、大門⑨までは行くことができる。大門からが吉原遊郭だ。

　大門の前には「お歯黒どぶ」⑩が流れ、遊郭の四囲を囲んでいた。大門を入ってすぐ左手に面番所。いわ

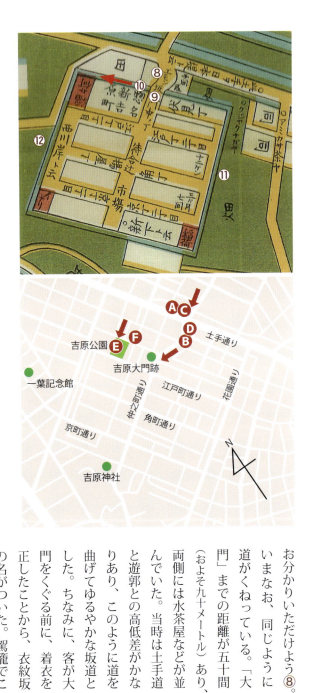

ゆる吉原同心と呼ばれる同心と岡っ引きが吉原の治安維持にあたり、その向かいが吉原会所。遊女が逃亡するのを監視する番所だ。ちなみに、素人の女は茶屋で切手（通行証）を入手して番所に示せば、自由に出入りできた。

大門へ向かい、五十間道を「く」の字に曲がり終えたあたりで、〝現代の吉原同心〟が詰所の前に出て立っていた。だが、十手は持っていない。その代わりに拳銃を携帯している。そう、交番のおまわりさんだ。「むかし、この近くに住んでいた」という人が取材に同行してくれている。その人がおまわりさんに聞いた。

「大門って、たしかこのあたりにあったんですよねえ」

「そうです。そこですよ」

〝現代の吉原同心〟が笑顔で指さしたところに「よし原大門」と書かれた門柱のモニュメントが五十間道の両側に並んでいた（左下の写真）。

大門をくぐると道は吉原のメインストリートである「仲ノ町通り」となる。道の両側にはいまでいう案内所と飲食店を兼ねた引手茶屋が軒を連ね、花魁《おいらん》道中などのイベントもこのメインストリートでおこなわれた。また、桜の季節だけそこに桜の木が植えられ、その桜並木のにぎわいは安藤広重の浮世絵にも描かれている。

遊郭内は、江戸町・揚屋町《あげやちょう》・角《すみ》町《まち》・京町に町割りされている。町名

Ⓑ 五十間道（衣紋坂）の蛇行の名残り。この先に大門がある。

「よし原大門」と書かれた鉄柱（吉原大門跡）。ここから奥が新吉原の遊郭街だったようだ。

衣紋坂入り口の交差点。ガソリンスタンドの前に「見返り柳」が生えている。

の江戸町は江戸の繁栄を願ってつけられ、京町は京都から来た人たちがつくり、角町は京橋の角町に因《ちな》んだものだという。

吉原というと妓楼ばかりと思われがちだが、遊女たちも生活しなければならない。また、宴席ともなれば芸者や幇間《ほうかん》もいるし、大見世ともなると料理番から風呂番（妓楼には内風呂があって遊女は朝風呂に入った）、不寝《ねず》番（夜中に部屋の行灯に火を灯すことなどが役目）ほかの奉公人や下女もいた。彼らや彼女らの生活を支える商家や職人も必要だ。後述する揚屋制度の廃止以降の話だと思われるが、揚屋町の表通りには商家が並び、路地を入ると、江戸の他の町と同じく裏長屋があって、職人や芸人らが住んでいたという。戦時中の吉原案内図をみても、意外に飲食店が多かった。いまも仲ノ町通りをふらふら歩いていると、古い店がまえの飲食店に出会うこともある。

高尾大夫惨殺事件と花魁道中の謎

弘化三年（一八四六年）に吉原の町役人方が町奉行所に提出した報告書によると、吉原の総人口は八千七百七十八人。男女別の割合では男十六パーセント・女八十四パーセントだった。遊女は四千八百三十四人だから、全体の五十五パーセントを占めている。

その吉原の歴史を簡単に振り返っておくと、江戸時代の初めの元和四年（一六一八年）、日本橋人形町に幕府公認の妓楼街が誕生した。いまの吉原を「新吉原」というのに対して「元吉原」という。

吉原という廓《くるわ》そのものの名称は、元吉原がもともと葭《よし》の生い茂る原っぱだったことに由来するといわれるが、東海道吉原宿出身の女郎屋の主人・庄司甚右衛門が幕府に江戸の遊郭建設を願い出て元吉原が誕生したことにちなむという説もある。しかし、その元吉原は江戸の中心部に近すぎるという批判もあり、移転の話がでたころに明暦の大火が起こり、焼失した元吉原が明暦三年（一六五七年）、浅草寺裏の千束《せんぞく》村へ移転になった。これがいまの吉原だ。

元吉原の時代、客はいったん揚屋にあがり、妓楼から遊女を呼ぶのが習わしだった。つまり、揚屋は貸座敷のような役割で、客に呼ばれた遊女は妓楼から揚屋へ向かわなければならなかった。この道中がその後の花魁《おいらん》道中のルーツになったとされる。新吉原にもその揚屋制度が継承された。

その花魁だが、上級の遊女を吉原ではそう呼んでいる。花魁の下には新造《しんぞ》と呼ばれる下級遊女がいた。さらに禿《かむろ》という童女もいて、彼女たちは花魁の雑用をこなすかたわら、妓楼のしきたりや接客方法などを学び、やがて十六歳ごろになると新造として遊女デビューした。

よく妹女郎が「おいらの姉女郎」と呼んだことがのちに訛って花魁になったという説を聞くが、それが事実かどうか定かではない。また、花魁という呼称のほか、それぞれの妓楼のナンバーワン遊女は「お職《しょく》」と

呼ばれ、宝暦年間（一七五一〜六四年）までは「太夫」という最高位の階級も存在した。遊女たちは花魁やお職、さらには太夫の地位を賭け、女の意地をぶつけ合うのである。

太夫として有名なのが高尾太夫だろう。仙台藩三代藩主伊達綱宗《つなむね》に愛された遊女として悲劇のヒロインになっている。

綱宗は酒乱の上に無類の女好きで、家臣の忠告にも耳を貸さなかったといわれ、仙台藩の御家騒動の種を撒いた殿様として知られている。綱宗は新吉原へ通いつめ、当時名の知れた遊女だった三浦屋の高尾太夫を身《み》請《う》けするものの、彼女は綱宗に靡《なび》かず、これに怒った綱宗が大川の中洲で吊り斬りにしたという話だ。綱宗に殺されて大川から遺体が引き揚げられたところに、彼女を高尾大明神として祀った祠《ほこら》（中央区日本橋箱崎町の高尾稲荷）まである。

しかし、高尾太夫は初代から十代まで実在したが、綱宗が新吉原で遊興していた当時、新吉原に高尾太夫という遊女はいなかったとされ、謎は深まっている。

いずれにせよ、身請けされたにもかかわらず、相手が大名であっても気に入らなければ靡かないという太夫のプライドの高さを物語る話であろう。だが、その太夫という階級は前述したとおり、宝暦年間になくなった。同時に揚屋制度も廃止された。これで花魁が禿を連れて客の待つ揚屋へ向かう光景もみられなくなった。なぜなのだろうか。

これには、江戸市中の岡場所（公娼街の吉原に対する私娼街のこと）が関係している。ちなみに、幕府非公認の私娼街を岡場所というのは、岡目八目から来ているとされる。囲碁からでた用語で、はたで見ている人が八目先まで手を見越すという意味だが、よって「岡」は「傍《はた》」とも書く。私娼街は、幕府公認の公娼街で

見返り柳の石碑

ある吉原からみたら「はた」になる。つまり、〝傍場所〟転じて岡場所となった。

宝暦のころ、品川宿・内藤新宿などの宿場女郎が台頭し、吉原から客がどんどん奪われていった。宝暦六年（一七五六年）には例の高尾太夫で有名な三浦屋が廃業に追いこまれている。理由は単純明快。当時、吉原通いが大名やその家臣、さらには一部の豪商たちのものから大衆化して一般民衆のものとなっていたが、たとえば大工や左官らの職人からしたら、安くて楽しく遊べるところのほうがいい。こうして吉原は格式にこだわっていられなくなったのだ。

吉原遊郭の歴史は昭和三十三年（一九五八年）に売春防止法が本格施行されるまでつづくが、幕末維新期に廃娼運動や遊女のストライキなどの諸問題を抱えたことを除くと、この宝暦年間が大きなターニングポイントとなった。

カストリ書房とソープランドの客引き

筆者はいままだ、大門近くの交番前で、このまま仲ノ町通りをまっすぐ進むかどうか迷っている。頭の中で「郭」という文字がこびりついて離れないからだ。「郭通い」「郭言葉」（遊女が使う言葉）「郭沙汰」（遊郭中で評判になること）などなど。そもそも、遊郭は〝遊べる郭〟という意味だ。では、郭というのはどういう意味なのか。

『広辞苑』を引いていただくと分かるが、まず最初に「城・砦など、一定の区域の周囲に築いた土や石のかこい」と書かれているはず。そう、「囲い」こそが郭の正体。

だとすると、吉原を遊郭たらしめているのは、そのまわりを取り囲むお歯黒どぶということになる。土手の高低差をいま一つ実感できず、いくぶん気落ちしていただけに〝どぶ〟という言葉が妙に引っかかっているのだ。〝どぶ〟と〝郭〟には当然、高低差があるはずだ。

もし記憶違いならＮＨＫとタモリさんに謝らなくてはならないが、た

しか『ブラタモリ』（ＮＨＫ）で吉原を特集し、タモリさんが吉原内の公園とその下の道の高低差を見つけ、

Ⓔ 階段を上ると吉原公園に出る。階段の下がお歯黒どぶだったようだ。

興奮していたと記憶している。

手がかりは公園だ。〝現代の吉原同心〟に聞いてみよう。

「すいません、このあたりに公園ってありませんか？」

「ありますよ。すぐそこです。その道を入ったところ。吉原公園といいます」

これまた、おまわりさんが笑顔で教えてくれた。みるとその道は、周囲より低くなっている。現代の地図や切絵図と照らし合わせると、お歯黒どぶ跡⑩とみて間違いない！

江戸時代のお歯黒どぶの幅はおよそ九メートルといわれるが、道幅はわずかに足りないといった程度だろうか。興奮しつつ、切絵図に示した矢印方向へ道を進むと、左手の路地奥に大手ソープランド・グループ『角海老本店』の建物が見えた。明治に創業されて時計塔付きの妓楼で有名になった角海老楼（明治末の吉原大火で焼失）からとった店名だという。そのソープランドへ向かう路地がわずかながら上り坂になっている。

もう少し矢印方向に進むと、高低差はよりハッキリする。

左手にコンクリートフェンスが現われ、視界をさえぎりだしたからだ。フェンスの上が吉原公園のようだ。中背の成人女性一人分の高さがあるだろうか。やがて、公園へあがる階段が見えてきた。全部で十段ある。

「ここだここ！」

記憶違いでなければ、タモリさんが興奮していたところだ（上の写真）。

レストランでさんざん待たされた挙句にようやくでてきたメインディッシュを平らげた気分だ。そんな満腹感を覚えた筆者の目に、次に飛び込んできたのは『遊郭専門書カストリ書房』の看板だった。お歯黒どぶ跡のカストリ書房。いやもう、それだけで何やらそそられる。

早速、店内に入ってみた。狭い店内に遊郭関係の書籍や写真集がズラリと並んでいる。佐野陽子（慶応義塾大学名誉教授）・江原晴郎（国際教養大学客員教授）著の『奥浅草　地図から消えた吉原と山谷』（サノックス）という一冊を買ってみる。お歯黒どぶの項を開くと、

「お歯黒どぶにはところどころに跳ね橋がありましたが、それぞれ厳重に管理されていました」

とある。大門からみて左右のお歯黒どぶ沿いを羅生門河岸⑪と西河岸⑫といった。

ここでは、年齢的に妓楼で通用しなくなったり、病気にかかった遊女らが小見世と呼ばれる遊女屋で春をひさいでいた。

お歯黒どぶを離れて遊郭内に入る。そこはいま、いわずと知れた日本屈指のソープランド街。ただ、昼前ということもあって人通りは少ない。それでも店の前には客引きが立っている。

「お兄さん方、今日は早いですね」

この近くに住んでいたという人と担当編集者、それに筆者の男ばかり三人で歩いていたから、真っ昼間からソープランドへ繰り出してきたと思われたようだ。

「今日は取材なんですよ、取材……」

そういうと、新宿歌舞伎町あたりのキャッチとちがい、しつこくまとわりついてくるようなことはしない。

ひるがえって江戸時代の吉原は昼間からにぎわっていた。視覚的に往時の吉原を知ることができる『吉原十二時《とき》』という江戸時代の史料がある。卯の時（午前六時～八時）から二

F 吉原遊廓関係の専門書店「カストリ書房」

日の出会商店街
吉原大門
30

セルフ
セルフ
24H
車検

時間単位で吉原の二十四時間を挿絵付きで解説したものだ。
　未時《ひつじ》（午後の二時～四時）の昼見世が挿絵で描かれている。そう、「昼見世」。江戸時代の遊郭も昼間から営業していたのだ。

『吉原十二時　未の刻』

　挿絵には二本差しの侍が格子越しに遊女に何やら話しかけているが、からかっているようにも見える。いわゆる「冷やかし」なのだろう。身分が高そうな侍には見えないから、江戸入りしたばかりのどこぞの江戸藩邸詰めの者が非番の日に「とても遊女を買う金はないが、せめて名所の吉原見物と洒落こもうかい」とばかり、やって来たような趣だ。
　その論でいうなら、昼間に取材でソープランド街にやって来た筆者も「冷やかし」ということになるのだろう。邪魔者は早く立ち去ろう。
　筆者はふたたび仲ノ町通りへもどり、大門を後にした。右手に見返り柳が見えてくる。江戸時代の遊び人になった気分で土手通りの横断歩道を渡ってから、名残りを惜しむように柳の木を振り返ってみた。いまもソープに通う人は振り返っているのだろうか。
　筆者は土手通りを曲がらず、そのまま真っ直ぐ進んだ。小塚原《こづかっぱら》の刑場へ向かおうと思った。

小塚原❖刑場での腑分け

鼠小僧次郎吉が晒し首になった小塚原刑場。いまなお江戸時代の罪人らのしゃれこうべが発掘され、現地に残る首切り地蔵が往時を偲ばせる。そして、「安政の大獄」で処刑された吉田松陰が眠るすぐ向こうで、日本史上初の本格的な腑分け（解剖）がおこなわれた。

鼠小僧次郎吉の晒し首

いきなりだが、幕末の江戸切絵図（次ページ）をご覧いただきたい。

新吉原遊郭の衣紋坂《えもんざか》をあがって土手道の日本堤①へと出て、そのまま堤下へおりて山谷堀にかかる橋②を渡る。矢印にそって進み、浅草山谷町③のあたりで大通りを左折する。

このあたり、いまも切絵図どおりの道が残っている。

この大通りは日光・奥州街道。いまも素戔嗚《すさのお》神社のあたりで昭和通りと合流し、大川（隅田川）を渡って日光・奥州方面へ通じている。したがって、昔もいまも江戸市中から日本の北へ向かう幹線道にあたっている。

浅草山谷町の町屋を抜けると、しばらく田圃が広がっているのがお分かりいただけるだろう。街道の左手に「仕置場」④と書かれている。このあたり小塚原《こづかっぱら》という。その由来は諸説ある。瑞光《ずいこう》を発する石を埋めた塚があり、その小さな塚にちなむという説が有力だが、由来となっている小塚もいくつかあって定まらない。

ともあれ、江戸時代、小塚原といえば刑場のあったところで知られている。

「仕置場」が小塚原刑場にあたる。

四方を柵で取り囲み、間口六十間（約百八十メートル）・奥行三十間（約五十四メートル）。切絵図に描かれているとおり、長方形の区画になっている。

小袖を尻からげにし、股引に脚絆《きゃはん》。筆者はいま、旅装束にあらため、江戸時代にタイムスリップして日光・奥州街道を歩いている。いや、実際には頭の中で妄想をふくらませているだけだが、しばし、この妄想におつきあい願いたい。

しばらく進むと草ぼうぼうと生い茂り、柵に囲まれた原っぱのようなところで大勢の旅人が足をとめている。なかには柵に顔をつけて中を覗きこんでいる者もいる。柵から三メートル弱のところにある台に旅人らの視線が集中している。電話台のような大きさだが、台の上にあるも

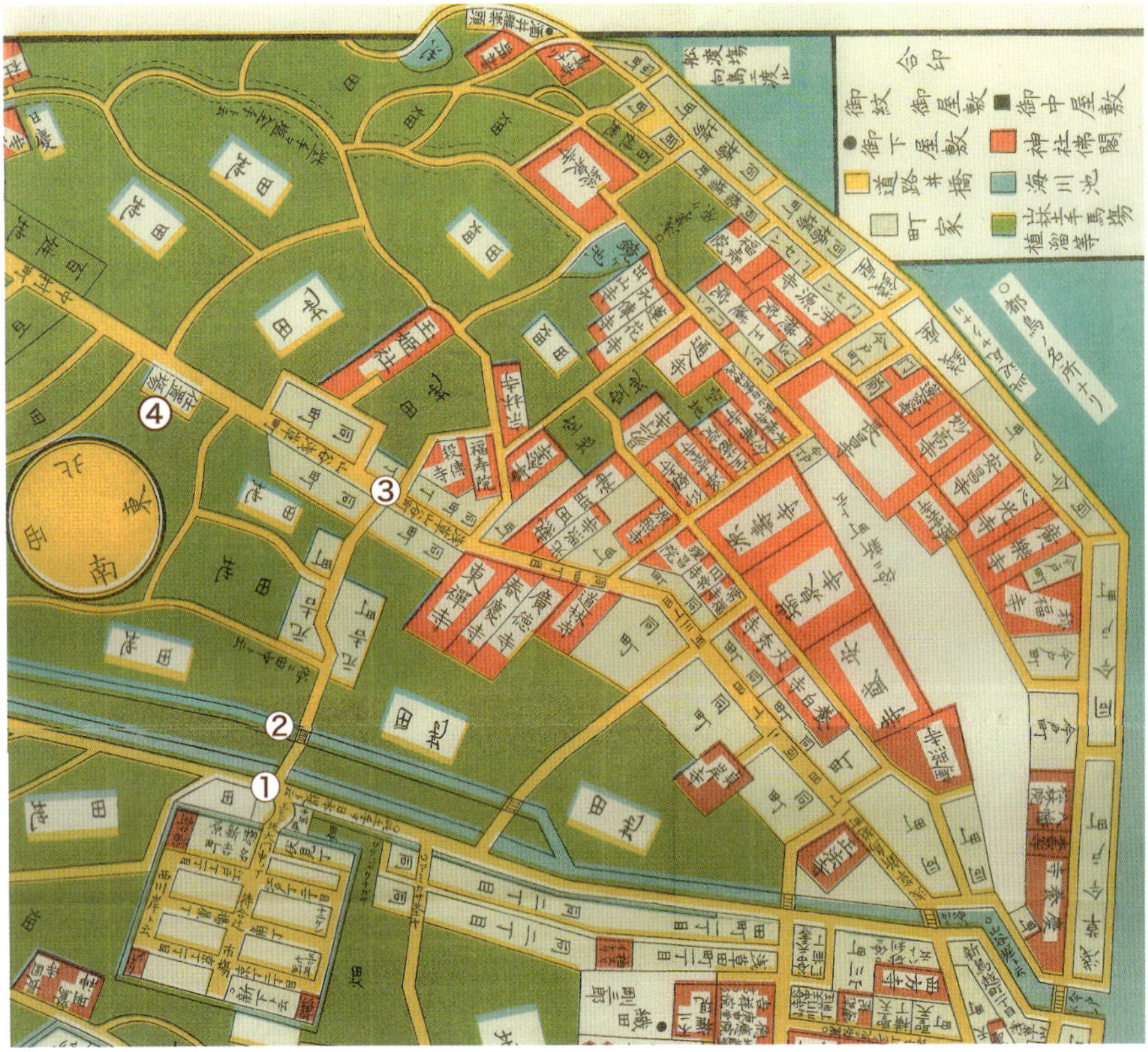

の。それはもちろん電話機ではない。
人の首だ。獄門台、すなわち、晒し首を乗っける台なのだ。恐る恐る旅人の一人にたずねてみた。

「あのう、あれは誰の首なんでしょう？」

「知らねえのかい。捨札《すてふだ》（高札）に書いてあるじゃねえか。おっと、いけねえ。あんた、字が読めねえんだな。よし、じゃあ、教えてやろう。こいつはな、鼠小僧次郎吉っていう大泥棒の首よ」

「え、あの有名な鼠小僧ですか？　大名屋敷から小判を盗み出し、困窮する家々に投げ入れたという義賊の大泥棒……」

「義賊だって、こいつが？　そいつは初耳だなあ」

　天保三年（一八三二年）五月五日。端午の節句のその日、鼠小僧は日本橋浜町の上州小幡《おばた》藩主松平忠恵《ただしげ》の屋敷へ盗みに入って捕縛され、当時の北町奉行榊原忠之《ただゆき》の裁きを受けた際の自白調書が残されている。次郎吉はその年の八月十九日に処刑される。享年三十七だった。その自白調書から次郎吉の生涯をたどることができる。

　十六歳のころまでは、高松藩お抱えの建具屋・星十兵衛の弟子として真面目に働く職人だったらしい。ところが、博打にはまり、深川あたりを遊びまわるようになる。町火消ろ組の頭《かしら》に拾われ、鳶人足になったものの、博打癖が抜けず、二十七歳で親から勘当され、住所を転々としつつ、盗っ人の世界に入った。

　石川県七尾市の旧家の蔵から「鼠小僧所々江入込盗賊仕金高（一字判読不能）御大名御名前附之覚」という長い長いタイトルの古文書が発見された。鼠小僧が押しこみ、その際に盗んだ金高と被害に遭った大名家（藩）を記したリスト（『中日新聞』一九九七年八月三十日付夕刊参照）である。それによると、記載された大名家は計四十一家。最も被害の多かったのは大垣藩で四百両をいちどに盗まれている。また、二回以上被害に遭っている大名家は四十一家中十二家に及んでいるという。なかでも佐賀藩は計五回も忍びこまれ、計百七十六両が盗まれた。また、熊本藩が三回忍びこまれて計十二両を盗まれたほか、水戸藩や尾張藩も被害に遭っている。

　鼠小僧は、相手が大大名であれ、徳川御三家であれ、物怖じせず、盗みに入っている。その意味では、あっぱれな泥棒といえる。

しかし、義賊ではない。博打のために大名屋敷に盗みに入っているだけ。では、そんな鼠小僧がなぜ「義賊」になったのか。実際、鼠小僧の話が生まれた時代から幕末にかけて、貧しい者を救済する者が現れていた。『甲子夜話』には、

「大坂に巨盗あり。その盗つねと違《ちがい》たるは、物を取れば必ず人に与ふ」

とあって、その泥棒はのちに捕縛されるものの、庶民は赦免を求め、世間では「これを称して仁盗」といったという。

当時は米価高騰により庶民が困窮した時代であり、こうした「仁盗」の出現が大名屋敷へ忍び入る鼠小僧の事績と組み合わさり、〝義賊・鼠小僧〟のストーリーがのちに誕生したのだろう。

処刑日当日、次郎吉は市中引き廻しの後、収監されていた伝馬町牢屋敷（中央区）で斬首され、小塚原で晒し首になったという（藤本正行著『処刑当日の鼠小僧次郎吉の一日』別冊歴史読本）。江戸に刑場は小塚原と鈴ケ森（品川区）の二カ所あったが、前出の『甲子夜話』に「千住（小塚原）において刑せらると聞く」とある。

回向院と延命寺と首切り地蔵

それでは、小塚原の刑場はどういう造りになっていたのだろうか。新潟に仕置場を作ることになった際、江戸の町奉行所から新潟奉行に提出された小塚原刑場の平面図が残されている。

それをみると、刑場のほぼ左半分が野晒《のざら》しになっていて、そこが刑場となっている。往還（日光・奥州街道）から、おのおの仕置場までの距離も図面に示され、獄門御仕置場所（いわゆる獄門台）が「往還より九尺余」、火罪磔御仕置場所（火あぶりの処刑台と磔台）が「往還より二十二間程」となっている。

さきほど、次郎吉の晒し首台が柵から三メートル弱のところにあったと書いたが、「九尺余」というのはだいたいそれくらいの距離になる。首を晒すわけだから、街道をゆく旅人が足をとめ、目視できる距離でないといけない。その意味でいうと、三メートル弱というのは近からず遠からず。ちょうどいい距離なのだろう。罪人の首などを晒すことによって、「罪を犯すとこうなるんだぞ」という見せしめの意味があったからだ。

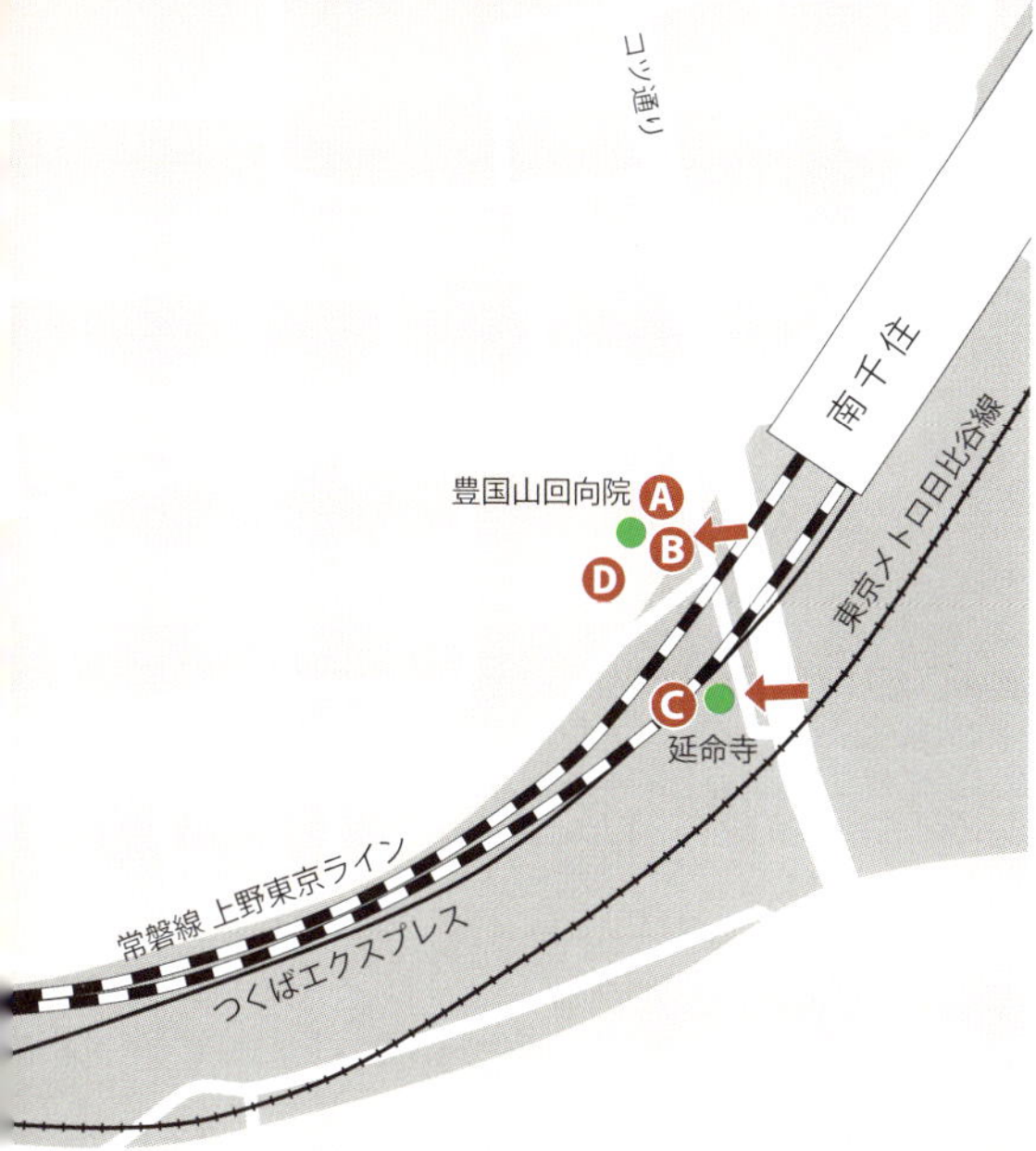

しかし、筆者は鼠小僧次郎吉の晒し首を透かし見たかったわけではない。鼠小僧刑死の年からさかのぼること六十余年。明和八年（一七七一年）三月四日、歴史的な出来事が小塚原刑場でおこなわれた。日本史上初の本格的な腑分け（人体解剖）である。

それまでなんどか斬首された罪人の腑分けは小塚原と伝馬町牢屋敷でおこなわれていた。しかしそれは、腑分け人が漢方書に書かれた五臓六腑を切り分け、医師に「これが肺」「これは肝」「こちらが腎なり」と見せて終わりだった。

ところが、宝暦四年（一七五四年）閏二月七日、山脇東洋という医師が京都西郊の六角刑場で斬首された強盗の腑分け（観臓ともいう）に立ち合い、同九年に『蔵志』という書物にまとめて刊行し、漢方書でいう人体構造がいかに正確さに欠けているかを解いた。その『蔵志』に触発された蘭学医の杉田玄白（若狭小浜藩奥医師）が、オランダ商館を通じて『ターヘル・アナトミア』（ドイツ人医師の書いた解剖書のオランダ語訳版）を藩費で買い付けた。

かねてより、江戸町奉行所に観蔵を願い出ていた玄白に許しが出たのが明和八年三月三日。翌日、小雨まじりの天候の中でおこなわれた玄白らの観臓が歴史的事件となったことを確認するため、その日の腑分けに立ち合ってみよう。

まずは現場へ――。

JR常磐線南千住駅西口を出て、ロータリーを左へ向かうとすぐ。旧日光・奥州街道沿いに小塚原回向院《えこういん》が見えてくる。明暦の大火の被災者を葬った両国の回向院が寛文二年（一六六二年）、幕府から土地をたまわり、別院として小塚原回向院が建立された。小塚原刑場がいつできたかハッキリしないが、少なくとも、この地に回向院の別院が建立されてからではなかろうか。

　境内に入るとすぐ目につくのが「観臓記念碑」。ここで杉田玄白らの腑分けがおこなわれたことを顕彰する碑だ。その奥には有名な歴史上の人物の墓が並んでいる。

「源達信士」の墓もある。俗名・鼠小僧次郎吉の墓だ。彼の墓は両国回向院にもある。両国の墓（供養塔）は、お前立《まえだ》ちの石の表面を削りとると「金運」が開け、あるいは「合格祈願」につながるとされ、いま流行《はや》りのパワースポットになっているが、前述したとおり、鼠小僧の首は小塚原で晒された可能性が高い。だとしたら、小塚原のほうが彼の墓に相応《ふさわ》しい。かつては小塚原の墓も削り取られていたそうだ。

　このほか、幕末の志士たちの墓が並んでいる。イギリスの公使館があった東禅寺（品川区）を襲撃した攘夷志士の墓、桜田門外で大老井伊直弼《なおすけ》（彦根藩主）を殺害した水戸浪士らの墓がズラリと並び、一番奥まったところに、その直弼が断行した安政の大獄によって処刑された福井藩士橋本左内や長州藩士吉田松陰の墓がある。

A 回向院にある鼠小僧の墓

　ここで間口百八メートル・奥行五十四メートル（前述）あったという仕置場の大きさを体感してみたくなった。

　一歩はだいたい一メートルといわれる。回向院の端からその境内を右に見て一歩一歩、歩数をカウントしながら歩いてゆく。回向院の敷地を通り越してもまだまだ歩数が残っている。常磐線のガードをくぐると右手は延命寺の境内にかわった。九十三……九十四……九十五……九十六歩。そこで延命寺の境内も尽きた。

　旧日光・奥州街道はそのままJRの貨物線と東京メトロ日比谷線の高架をくぐっているが、回向院の端からここまで歩数換算でおよそ九十六メートル。間口百八メートルにはわずかに足りないともいえるし、だいだいあっているともいえる。微妙な数字だ。

奥行はどうだろうか。こんどは延命寺の門前に立って境内を奥へと進み、墓地が尽きるところまで。こちらも四十九歩。これまた、奥行五十四メートルにはわずかに足りない。ただ、常磐線のガードをはさんで、回向院と延命寺の境内がほぼ仕置場に相当していることが分かる。

後でわかったことだが、明治の半ばに隅田川線（現在の貨物線）が敷設される際に少しだけ仕置場の敷地が削り取られ、拡幅された旧日光・奥州街道に境内地の一部を譲っている。鉄道と道路に削られた分だけ、わずかに歩数が足らなかったのである。

ここで延命寺についても少しご説明しておこう。寛保元年（一七四一年）には、野晒しになった刑場の一

B 回向院の墓所の史蹟エリア

角に刑死者の菩提を弔うための石の地蔵が建立された。延命首切り地蔵として江戸時代の絵図に描かれ、現存している（次ページ）。前述した仕置場の平面図にも、東南隅のあたりに「往還より二間（およそ三・六メートル）余」と首切り地蔵の位置が示されているが、この地蔵も隅田川線の敷設にともない、いまの場所に少しだけ動かされた。さきほどの平面図と重ね合わせると、写真でご覧いただいている首切り地蔵のあたりに火あぶりや磔のための仕置場があったと思われる。

　昭和五十七年（一九八二年）、隣の回向院から分離独立し、延命地蔵の名にちなみ、延命寺となっていまに至っているという。

　ちょうど延命寺のお寺の方が寺務所から出てこられたので話をうかがってみた。明治になってもここは刑場として使われていたらしく、

「このあたり一帯に異臭が漂っていたそうです」

　と教えていただいた。

　また、踏切の立体交差や門前の道路拡幅工事、常磐新線（つくばエクスプレス）の建設工事の際にたくさんの人骨が発掘されたという。

『読売新聞』（一九九八年十一月十六日朝刊）によると、常磐新線の建設現場から一五〇人分の頭がい骨が発見されたといい、見つかった頭がい骨の生々しい写真も掲載されている（左ページ）。

「やっぱり囚人には、首がなかった――」

　首と切り離された胴体部分は、おおむね無造作に土を被せただけで取り捨てられたという。江戸時代から明治まで二十万人の罪人がここに埋葬されたといわれ、首のない胴体と胴体から切り離された頭部が罪人たちの末期《まつご》の叫びをあげているように思えてくる。

　その日の腑分けに供された遺体はどうだったろうか。青茶《あおちゃ》婆《ばば》という京都生まれ

Ⓒ 延命寺の首切り地蔵

の老婆の遺体だ。彼女のことは何も分かっていないが、死後、自分の体が日本の医学の進歩にどれだけ貢献したか知れないと分かったら何といったろう。ぜひ聞いてみたいものである。

吉田松陰の墓ごしに…

腑分け小屋はいまの回向院側にあった。例の平面図をみると、いまの延命寺側は野晒しになった刑場そのもので、いまの回向院側にはいくつか建物が並んでいる。手前（旧日光・奥州街道側）には腑分けをおこなう非人小屋があり、その奥に「御自分仕置　腑分稽古様場所」（腑分け小屋）と書かれている。

都民版
東京伝説
「小塚原刑場」跡
"歴史の陰"語る頭がい骨
史料もなく無言の訴え

読売新聞 1998 年 11 月 16 日付朝刊の都民版のページで報道された、小塚原刑場発掘の記事

回向院へもどり、井伊大老を襲撃した水戸脱藩浪士らの墓を左手に見て進むと、前述したように吉田松陰の墓がある。著名人の墓はブロック塀によって一般の人の墓地と区切られており、吉田松陰の墓（次ページの写真）の背後に見えるブロック塀の向こう側、つまり、一般墓地側に腑分け小屋があった。

では透かし見てみよう。

その日、明和八年三月四日は雨だった。町奉行所から「明日、骨ケ原（小塚原）にて腑分いたせるよしなり」という連絡を受け、その立ち合いを許された杉田玄白は、同僚の中川淳庵《じゅんあん》はもとより、知人の中津藩奥医師・前野良沢《りょうたく》にも声をかけ、当日、山谷の茶屋に集まった。玄白が晩年に著した『蘭学事始《ことはじめ》』によると、みなが集まると、良沢が「長崎遊学の際に買い求めたもの」といって懐から取り出した洋書が『ターヘル・アナトミア』だったという。玄白が観臓に強い意欲をみせたオランダ語版の解剖書を知人の良沢も買い入れ、腑分けの立ち合いに持参してきたのである。玄白と良沢は「これまことに奇遇なり」といって、互いに手を打って喜び合ったという。

そこから一同うち揃って小塚原へ向かうわけだが、玄白が『蘭学事始』に立ち合った医師の人数を書いていないからよく分からない。ただ、

南千住回向院内にある吉田松陰の墓。その後ろが腑分け現場だったと考えられる

玄白と良沢、淳庵の三人がいたのは間違いない。

　虎松という者が腑分けの巧者だという評判だった。そこで腑分けにあたり、もともと彼を指名していたのだが、急病で執刀できなくなり、その祖父だという九十歳の老人が執刀することになったという。九十歳といってもすこぶる元気で「若いころより腑分けをたびたび手がけてきた」といっているからベテランの腑分け人ということになろう。

　彼がいわゆる五臓六腑を切り分けて玄白らに示すところまではこれまでの腑分けと何ら変わらなかった。しかし、さすがはその九十歳の老腑分け人はプロだった。漢方書にある心臓・肝臓・胆嚢・胃などのほかに、

「若いころより数件腑分けをおこなっておりますがの。いずれの腹の内を見ましても、必ずここにこのような物があり、また、そこにかような物があるのでございますよ」

　といって未知の臓器をさし示した。

　もちろん、老腑分け人も玄白らも、それが何という名の臓器かは分からない。これまで老腑分け人が解剖に立ち合った医師に玄白らと同じことを伝えても、誰一人、「これは何、それは何と、疑問にされたお方はおられませなんだ」という。

　玄白らが『ターヘル・アナトミア』の解剖図と屍体の臓腑を一つずつ照らし合わせてみても、一つとして解剖図とちがうものはなかったし、実際の臓腑は漢方書でいう五臓六腑の位置ともちがっていたという。また、老腑分け人がいう「このような物」「かような物」というのは、のちに「小腎（副腎）」や「動血脈（動・静脈）」のことであると判明する。

　ともあれ、玄白ら一同はいたく感動した。そこで腑分けを終えて後、

「いっそのこと、骨の形も見ておこう」

　となった。ここは小塚原。骨を手に入れるに労はない。腑分け小屋の隣に広がる草ぼうぼうの原っぱ（刑場）には土を被せただけの骨があちらこちらに取り捨てられている。玄白らが拾い集めて調べてみると、これまた、『ターヘル・アナトミア』の骨格図と一致した。

　小塚原からの帰り道、玄白は良沢と淳庵にしみじみとこう語りかけている。

「今日の腑分けはいちいち驚くことばかりであった。互いに医を業《なりわい》として主君に仕える身でありながら、医術の基本とすべき人体の真の形態も

※当時の資料を見ると、腑分けは地面に筵を敷きその上に検体を載せて行うことが多かったようだが、ここでは作画の構図の都合上、台の上で行われたものと仮定した。

知らずに、いままで毎日この医業をつとめてきたのは面目もない次第。なんとかして、この『ターヘル・アナトミア』の一部分でも新たに翻訳したならば、今日の治療の上に大きな利益となろう」

この呟きに良沢が「もっとも千万、同感である」と応じたとき、日本の医学が大きく前進した瞬間だといえよう。

早速、翌日に良沢の家に集まってみたものの、なにしろ、長崎オランダ商館の通詞《つうじ》のほか、オランダ語の分かる者がほとんどいない時代の話だ。『ターヘル・アナトミア』を翻訳するといってもそれは「艪も舵もない船が大海原に乗り出したよう」と玄白がのちに述懐している。

そんな彼らはまず、人体表面の外形図に注目した。人体を前向き・後向きに描いた裸体図だ。たとえば顔なら鼻や口があり、そのくらいの名称なら玄白らも知っている。そこからまず訳読しようというのである。ところが、それも気の遠くなるような作業だった。玄白はのちに「眉（ウェインブラーウ）」が「目の上に生えた毛である」という一句の訳読であっても、「日が暮れるまで考えつめ、わずか一、二寸ばかりの文章でさえも一行も理解できないでしまうことであった」と書いている。

それでも翻訳は三年足らずで終え、安永三年（一七七四年）八月、『解体新書』として刊行している。短期間のうちに手探りで日本初の解剖書を刊行した玄白らに敬意を表したい。つまり、明和八年三月四日の腑分けがなければ『解体新書』は生まれず、日本の医学はもとより、蘭学の進歩もなかったことだろう。

歴史的腑分けに立ち合った興奮をおさえ、ふと我に返るとそこは回向院の墓地。コンクリート塀を背に吉田松陰の墓がひっそりと佇《たたず》み、松陰の墓や腑分け小屋のあった一般墓地を中層マンションや都営アパートなどが見下ろしている。明治のころまでの殺伐とした光景とはほど遠い。南千住の駅前までもどると、高層マンションやショッピングビルが中層マンションや都営アパートにかわり、もはや罪人たちの怨念や血なまぐさい歴史は何も感じられなかった。

赤坂❖三つの旧勝海舟邸

この地で三回引っ越した勝海舟。貧乏旗本から成り上がった勝は出世するたび、邸も坂の上へ上へと昇っていった。その勝が幕末の動乱期を過ごした二回目の邸は、坂という地形を克服して立つマンションになっていた。そこで勝は坂本龍馬と出会うのだが……。

勝海舟の出世と引っ越し

一《ひと》ツ木《ぎ》通り・みすじ通り・田町通り——夜の赤坂を代表するネオン通りだ。料亭前で客待ちする黒塗りの車が列をなし、美しく着飾った芸者がその間を行き交う華やかさはバブルの時代を最後にみられなくなったが、昭和の花柳界の雰囲気をかろうじて残している。

三味線の三弦が「みすじ」の由来だそうだが、赤坂通りからみすじ通りに入って二つ目の路地の角に昔ながらの民家を改良した居酒屋がある。

幕末にその地で新婚生活を送った貧乏旗本、勝麟太郎（海舟）の住居跡である。

江戸の下町・本所生まれの勝は二十三歳のとき、赤坂の福岡藩黒田家の藩邸内に住む蘭学者永井青崖《せいがい》の門人となり、師の元へ通うのに都合がいいからと、赤坂田町に新居をかまえた。幕末の江戸切絵図に①で示したところだ。しかし、当時の勝は無役で貧乏暮らし。彼自身の手記によると、夏の夜に蚊帳《かや》さえ吊れず、柱を削って炊《かし》ぐというみじめな新婚生活だったという。

ところが、勝が幕府にその能力を買われて軍艦操練所教授方頭取についた安政六年（一八五九年）、②の氷川神社下に屋敷をかまえた。ちなみに、掲載した切絵図は万延二年（一八六一年）に刊行された改訂版。万延二年は、勝が氷川神社下に引っ越

Ⓐみすじ通りの旧勝海舟邸は現在居酒屋になっている（隣接ビルも勝邸の敷地内）

してきた二年後にあたり、切絵図には邸主として「勝麟太郎」の名がちゃんと書かれている。

大政奉還と王政復古の大号令で幕府の時代が終わると勝は、旧幕府を代表して新政府軍参謀の西郷隆盛（薩摩藩士）と談判し、江戸城無血開城を成し遂げる。明治二年（一八六九年）に勝が大身旗本の柴田松之丞邸へ移り住むと、新政府の参議・海軍卿などを歴任し、七十六歳で亡くなるまでそこで暮らした。③がそこにあたる。

①から②、そして③へと、屋敷の敷地が出世するたびごとに大きくなっているのがお分かりいただけるだろう。

それではまず、勝の出世物語を簡単に振り返ってみよう。

新婚時代、赤坂田町の屋敷で貧乏暮らしをしていた勝にとってもう一つの悩みは、蘭学にカネがかかることだった。夏に蚊帳さえ吊れない勝だったが、蘭学の習得に必須の辞書がどうしても欲しかった。もちろん買うと何十両もしてしまう。貧乏世帯にはとても手がだせない。そこで勝は、ある蘭学医が日蘭辞書『ヅーフハルマ』を持っているという噂を聞きつけ、一年一〇両の損料（借り賃）を払い、借りることに成功した。この辞書は五八巻もある。勝は一年間で五八巻の辞書を二セット筆写した。損料を支払うため、自身が使うのとは別にもう一セット写し取り、それを売って金に替えたのだ。その

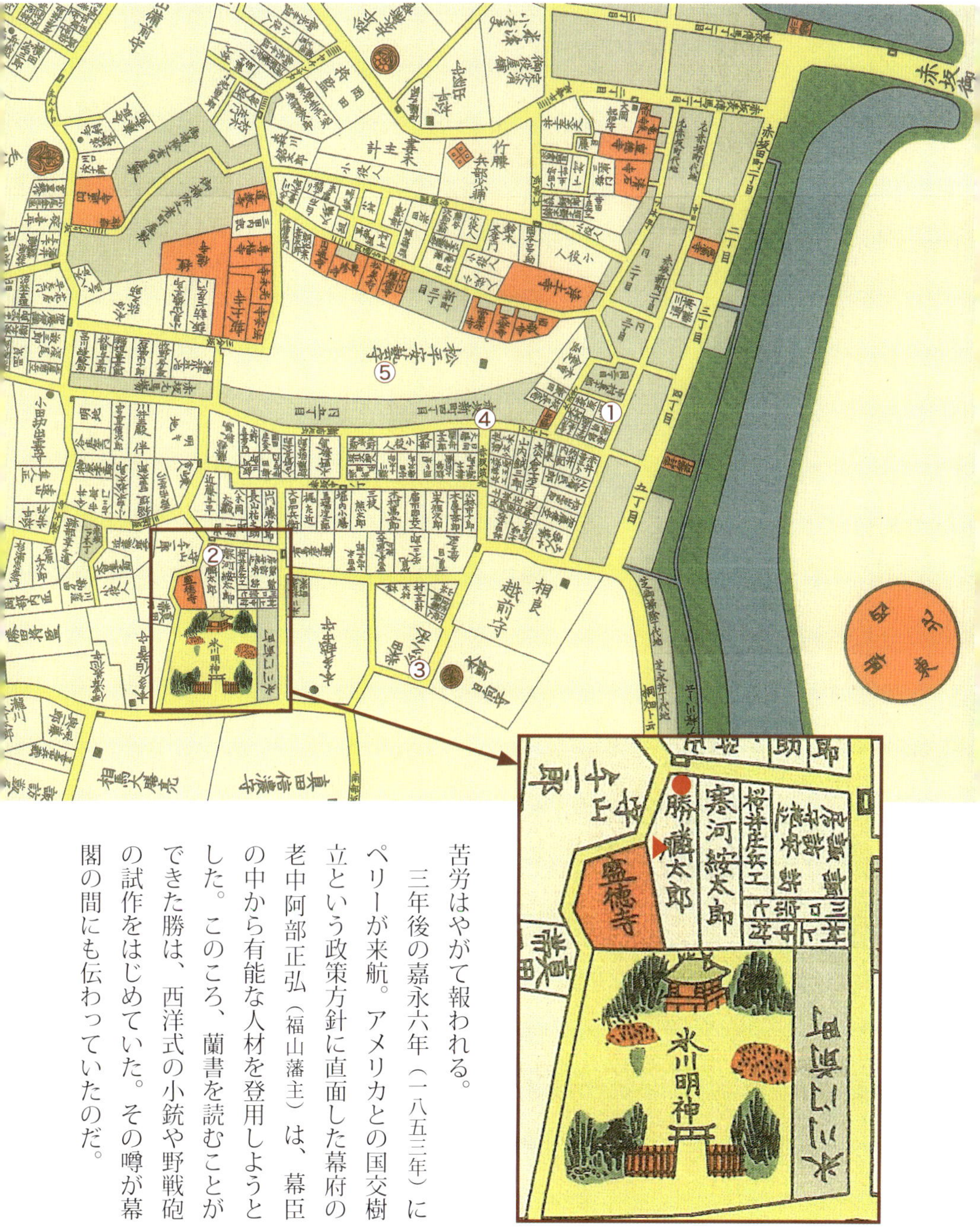

苦労はやがて報われる。

三年後の嘉永六年（一八五三年）にペリーが来航。アメリカとの国交樹立という政策方針に直面した幕府の老中阿部正弘（福山藩主）は、幕臣の中から有能な人材を登用しようとした。このころ、蘭書を読むことができた勝は、西洋式の小銃や野戦砲の試作をはじめていた。その噂が幕閣の間にも伝わっていたのだ。

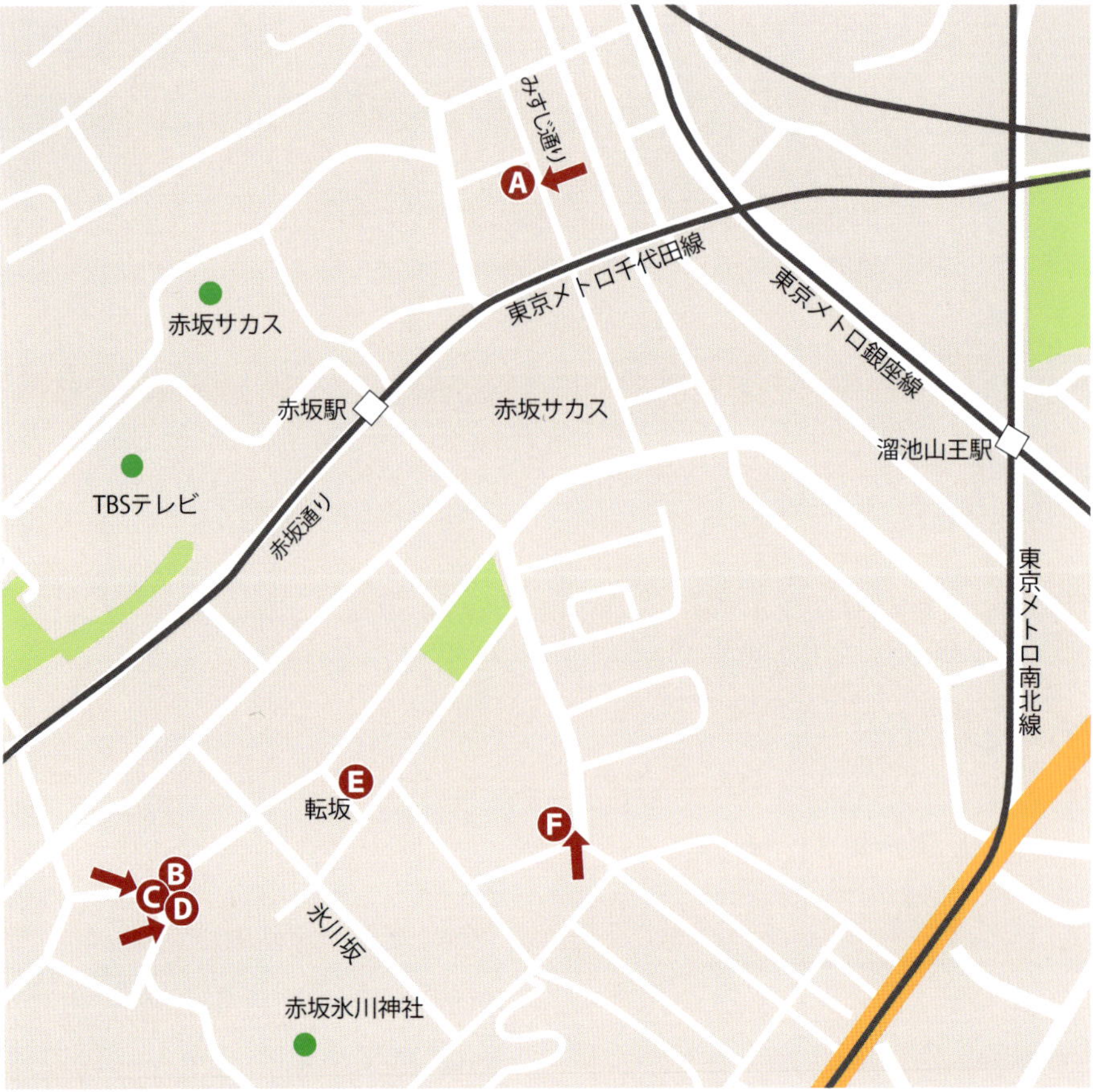

安政二年（一八八五年）正月、勝は下田取締掛手付として洋書の翻訳勤務を仰せつかる。同年七月には長崎海軍伝習を命じられ、百俵取りになっている。こうして幕臣勝麟太郎の出世がはじまる。貧乏世帯だからといって辞書の入手を諦めていたら、こうはならなかった。このとき三十三歳。寝る間も惜しみ、借りた辞書を書写したことが出世のキッカケになったのである。

勝が命じられた長崎海軍伝習がまた、次のステップアップにつながった。人生、いい流れの時にはトントン拍子に話が進むもの。幕府はオランダに軍艦の新造を発注していたが、航海技術がないと軍艦を動かせない。そこでオランダから蒸気船を借り、外国人教授から航海術や造船術などを学ぶことになって、勝は伝習生として長崎へ赴いたのである。長崎での授業は、艦上での実地演習もある。通訳はいたものの、メモを取る余裕はなく、暗記に頼るしかなかった。そうなると、そこはやはり語学力がモノをいう。やがて、幕府が発注していた軍艦が長崎に入港し、伝習所の練習艦となった。咸臨丸《かんりんまる》である。

　勝は安政の大獄が吹き荒れるころ、長崎での伝習生としての使命を終え、もどった江戸で軍艦操練所教授方頭取になった。教わる側から、こんどは教官として教える立場になったのだ。前述したとおり、その年、勝は赤坂田町の貧乏世帯から氷川神社下へ引っ越している。

　翌年、幕府がアメリカとの通商修好条約批准のための遣米使節派遣を決定。正使が乗るアメリカ船とは別に、使節を護衛する船（咸臨丸）が必要となり、その乗員は、当然、軍艦操練所の教官から選ばれた。勝は咸臨丸の艦長ではなかったともいわれる。たしかに、幕府から艦長としての辞令を受け取っていたわけではない。軍艦奉行並《なみ》である木村芥舟《かいしゅう》も乗船しており、木村の従者になりすまして乗船した福沢諭吉は、艦長は木村だったと自伝に書いている。しかし、アメリカ側は木村をアドミラル（提督）、勝をキャピタン（艦長）とみており、やはり、咸臨丸艦長は勝でいいのではなかろうか。

　帰国後、勝は四十歳で軍艦奉行へと昇進した。役高は二千石。無役のころとは暮らしぶりも大きく変わった。

　勝の名声は諸藩の志士にまで知れわたり、土佐の脱藩浪士坂本龍馬が勝と運命的な出会いをするのもそのころだ。勝はこのとき、「挙国一致の海軍建設」という夢を抱き、一四代将軍徳川家茂《いえもち》へ直談判して、元治《げんじ》元年（一八六四年）五月、神戸海軍操練所の開設が認められた。幕府や諸藩の人材をここに集約し、幕藩体制の枠を越え、挙国一致的な海軍をつくろうとする勝の夢がその実現に大きく前進した瞬間だった。

　ところが翌年、幕閣から「勝が諸生を集めて天下を二分しようとしている」という疑念を抱かれ、神戸海軍操練所は閉鎖される。勝には御役御免が申し渡され、役高の二千石も取り上げられ、氷川神社裏の屋敷で逼塞《ひっそく》せざるをえなくなった。

　だが、時代が彼を放っておかなかった。慶応二年（一八六六年）、江戸城へ呼び出された勝はふたたび軍艦奉行に任じられた。勝が諸藩の志士と交流していることから、長州再征（第二次出兵）に反対する薩摩藩などを説得させるのが幕閣の狙いだった。ところが、長州再征は失敗して幕府の権威は地に堕ち、大政奉還、王政復興のクーデターを経て、鳥羽伏見において旧幕府軍は、薩長を中心とする新政府軍に敗れる。と同時に、勝は陸軍総裁となった。四十六歳のときである。

彼は旧幕府軍を代表して新政府軍の参謀西郷隆盛と交渉し、江戸を戦禍から守った。その翌年、終《つい》の棲家となる旧柴田邸へと引っ越すのである。

坂本龍馬との出会いの場

それでは、勝が出世とともに居をかえ、屋敷をグレードアップしていたった跡を実際に歩いてみよう。

みすじ通りの屋敷を後にし、いったん赤坂通りへともどる。切絵図に示した④の道だ。この赤坂通りは江戸時代もいまも界隈のメインストリート。東京メトロ千代田線「赤坂」駅の出入口に面し、「赤坂サカス」の前の道といったら、ピンとくるだろうか。

切絵図に「松平安藝守」⑤とあるのは芸州浅野家、つまり広島藩の中屋敷（いまの赤坂サカスとTBS放送センター）だが、サカス前の交差点に立って旧藩邸側をのぞむと、そこがやや高台にあることが分かる。高低差が示される現代の地形図で確認すると、まさしく赤坂通りが谷筋を縫う道だということも分かる。平坦な一ツ木・みすじ・田町通りを除くと、赤坂通りの左右が高台になっているからだ。ただし、その高台も上り坂があったかと思うと、急に下り坂になり、それぞれアップダウンの激しい地形になっている。

だからこそ、赤坂は「坂の街」といわれる。漢方薬を砕くときに使う薬研《やげん》に坂の形が似ているところからついた「薬研坂」、大八車を引く牛を苦しめるほどの悪路だったという「牛啼坂」、あまりの急坂のために坂を上がるための車賃が銀三分《さんぷん》増しになったという「三分坂」などなど。挙げたらきりがない。ただし、「赤坂」という名の坂はない。

その謎解きは164ページを参照していただくとして、切絵図と地形図を照らし合わせてみると、大名屋敷が必ず高台に位置していることに気づくはず。防御しやすいという理由のほか、そこが「高燥の地」であるからだろう。いまも高台の白金台（港区）には、シロガネーゼと呼ばれるハイソな人たちが住んでいる。昔もいまも、じめじめした低地より、湿気が少なく風が抜き抜ける高台が好まれた。もっというと、赤坂では坂の上に屋敷にかまえることがステータスだったのではなかろうか。

勝はどうだったろう。赤坂通りを左折してみる。明らかに坂道とはいえないものの、太腿あたりの筋肉が「少しずつだけど上がっている」と感じている。やがて、勝が安政六年に、みすじ通りから引っ越した屋敷の前にでた。

そこには「ソフトタウン赤坂」というマンションが建っていた。マンションの自治会が「勝海舟邸」という標柱と説明板をマンション角にだしてくれているから、迷うことはない。住所は港区赤坂六丁目十番三十九号。

面白いのは、切絵図に示された敷地の形そのままにマンションが立地していることだ。いまのソフトタウン赤坂も、切絵図の勝麟太郎邸に示される横長の五角形をした敷地の上に建っているのだ。

しかし、マンションの背後は崖。その崖の上に氷川神社がある。つまり、まだまだ坂を上がり切ったとはいえない。

ここで勝は幕末という動乱期の真っ只中をすごした。咸臨丸で渡米したのもここだし、海軍操練所開設の夢をふくらませ、その夢が実現したものの、のちに挫折したのもここだった。そしてもう一つ、ここは歴史上有名な坂本龍馬との出会いの場でもあった。

よく知られる勝と坂本の出会いのシーンは次のようなものだろう。

土佐の下級藩士（郷士）だった坂本が脱藩したのは文久二年（一八六二年）三月。江戸にでて、桶町《おけちょう》（中央区八重洲）にあった北辰一刀流千

Ⓑマンションの通り沿いに「勝海舟邸跡」の碑が建っている

葉定吉道場に身を寄せる。当時は攘夷の機運が時代を覆っていた。そこで坂本と定吉の長男重太郎が攘夷の風潮を嫌う勝を斬りにいき、逆に勝の話に感化され、門弟になったという話だ。

　坂本が斬りに来たというのは、勝が後年、語っている話である。坂本はそのまま、幕府の蒸気船順動丸に乗りこんで兵庫へ向かい、そのとき航海術に興味を持った彼はやがて「世界の海援隊をやる」、つまり世界を相手に交易するという発想につながったとされている。しかし、以上の話は一部、事実と食い違っているようだ。

　まず、その年の十二月五日に坂本が松平春嶽（前越前藩主）を訪ね、春嶽は後年、その際、勝への添え状（紹介状）を渡したと述べている。そして四日後の十二月九日、勝は土佐藩の関係者らが訪ねて来て「形勢の議論」をしたと日記に綴《つづ》っている。その一人が坂本だった。坂本は千葉重太郎と一緒に勝に会いに行ったわけではなかったのである。また、わざわざ紹介状を書いてもらったのだから、斬りに来たというのは勝の記憶違いだろう。ただし、この話にもいくつか疑問がある。

　まずは、坂本が会いに行った春嶽は当時、幕府の政治総裁職だった。時の総理といってもいい春嶽が土佐藩の脱藩浪人である坂本と会い、幕府海軍幹部（当時は軍艦奉行並）への紹介状をあっさり書くとは思えない。この疑問に『坂本龍馬歴史大事典』（新人物往来社刊）はこう述べている。

　坂本は一人で春嶽に会ったわけではなく、のちに坂本と亀山社中を運営することになる近藤長（昶）次郎・間崎哲馬（土佐藩士）と一緒だった。

Ⓒ マンションの全景。傾斜のある土地に建てられていることがわかる

間崎は出羽浪人・清河八郎と面識があり、清河は当時、浪士組結成を幕府に働きかけていたから、春嶽とのパイプがあったという。たしかに越前藩の記録を紐解くと、十二月五日、「間崎哲馬・坂下龍馬《ママ》・近藤昶次郎来る」とある。

もう一つの疑問は、どうして通説のような錯誤が生まれたのかということだ。勝の日記に十二月二十九日(この年の大晦日)、すでに勝の門弟となっていた坂本が千葉とともに勝を訪ねており、これを「海舟が『九日』の出来事と混同して(中略)それが援用されたことによっている」(『坂本龍馬歴史大事典』)という。

坂本が千葉とともに勝を斬りに行って感化されたのではなく、暮れも押し迫る十二月九日、わざわざ紹介状を書いてもらって会いに行ったのである。

ともあれ、こうして坂本は勝の門弟となり、神戸海軍操練所の設立へ向け、勝とともに奔走する。勝と坂本の出会いの場がここ、ソフトタウン赤坂だったのは間違いない。そうなるとやはり、二人の英雄の出会いのシーンを透かし見たくなる。

勝と坂本がとあるバーで…

まずはマンションのエントランスを探さなければならない。マンションそのものが傾斜地に建っているからだ。例の標柱のある角を曲がり、ゆるやかな坂を少しだけのぼっていくと、左手にエントランスがあった。右ページの写真と幕末の切絵図に▲印で示したあたりだ。

あたりまえの話だが、土地が斜めになっているところにマンションをそのまま建てられない。床が斜めになっていたら、ニュートンの法則にしたがって人も物も転がってしまう。よくみると、エントランス部分は少し地面から掘り下げて平坦に造ってあった。これなら大丈夫。これこそ坂道の多い東京で家を建てる人間の知恵。勝の時代もいまと同じあたりの地面の一部を掘り下げ、そこに母屋を建てていたのだろう。つまり、切絵図に「勝麟太郎」とある区画のうち、氷川神社寄りに母屋があったことになる。

敷地の形も同じ、削平したところに住んでいたのも同じ。そこまでは同じだが、勝の時代といまでちがっているところが一つだけある。それがエントランス、つまり玄関の位置だ。幕末の勝邸は切絵図に●印で示したところに門があったと考えられる。

切絵図には「書きはじめの文字のところが出入口」というルールがある。つまり、「勝麟太郎」とある邸宅の「勝」と書かれたほうに出入口があるのだ。ちょうど「勝海舟邸跡」の標柱があるあたりだろうか。

ここ氷川神社下の勝麟太郎邸の平面図がない以上、ここから先は想像、いや空想になる。勝邸の門をくぐると、傾斜地をそのまま残し、前庭がゆるやかなスロープをなして母屋まででつづいていたのではなかろうか。

だとしたら、

「雨が降ったら大変だったろうな」

と思う。

雨が降りつづくと前庭を雨が流れ落ち、門を入ったところに水たまり

⑤ バーの看板のあるソフトタウン赤坂の１階部分。傾斜地に建てられていることがわかる

ができていたかもしれない。勝に弟子入りした坂本がせっせとその雨水を掻きだす手伝いをしていたのではなかろうかと、こうなったらもはや妄想だが、その妄想はどんどん膨らんでゆく。

その子弟二人の出会いの場を透かし見るためには、標柱のあるところからふたたび角を曲がり、マンションのエントランスまでもどらねばならない。そのあたりに母屋があったと考えられるからだ。

「いや、待てよ――」

歩みだした筆者の目にあるものが入った。それは「BAR」の看板だった。マンションの一階にバーがあった。こちらは傾斜地に壇を築き、平らにしている。三段ほどの階段をあがったところにバーの出入口がしつらえてある。まだ陽の高い時間だったから開店前。ドアに嵌めこんだガラス越しに中を覗きこんでみると、立派なバーカウンターがみえた。

勝と坂本が初めてここで会ったとき、互いに話が弾み、酒がでたかもしれない。もちろん、幕末にこのバーがあるはずはない。ただ急に、勝と坂本がバーカウンターに並んで座り、攘夷のこと、海外のこと、そして海軍のこと、新しい国家のことなどなど。二人でそんな話を交わすシーンを見たくなった。

「坂本とかいったな。おまえさん、順道丸という蒸気船に乗ってみたいとは思わねえかい?」

そういう勝に坂本の目が輝くシーンを……（次ページの写真）。

できることなら、一人席をおいてカウンター席に座り、バーボン片手に二人の話にぜひ耳を傾けてみたいところだ。

いささか妄想がすぎた。妄想はこのあたりにして、次へ進もう。

功成し遂げた勝が最後に住んだ屋敷だ。氷川神社下の屋敷を右にみてしばらくいくと「ころび坂」。江戸時代、道が悪く人がよく転んだからその名が付いた。いまは舗装されて

Ⓔ 転（ころび）坂の標識

BAR
株式会社アド・プロセス
AD PROCESS

F 旧氷川小学校前に建てられた勝海舟と坂本龍馬の銅像

悪路ではなくなっているものの、まずまず勾配がある。正真正銘の坂道だ。そこを上がる。みすじ通りのあたりからすると、かなり上がってきている。その先に、港区立特別養護老人ホームなどとして使われている一画がある。

目印は大きな銀杏《いちょう》の木。勝が慈しんだといわれる老木だ。そう、そこが最後の勝海舟邸。旧氷川小学校跡といったほうがいいかもしれない。平成五年（一九九三年）まで旧勝邸の土地がまるごと小学校として使われていた。

貧乏な新婚時代の広さからすると比べものにならない。幕末にはマンション一棟分の広さになり、ついに小学校まるごとが屋敷という豪邸を手に入れたのだ。しかも坂の上。気のせいか、吹き抜ける風もどこか心地よく感じる。

筆者が主宰する町歩きの会で会員らとここに来たときになかったものがあった。勝・坂本子弟の銅像だ。平成二十八年九月十日に建立された。

もちろん、勝がここに引っ越して来たとき、すでに坂本は暗殺されてこの世にいない。ここが出会いの場ではないものの、モニュメントとしてはこの地が相応《ふさわ》しいのではなかろうか。新政府の高官となった勝だが、ある意味、維新後の彼は〝燃えつき症候群〟のような状態にあったような気がする。ここで有名な『氷川清話』を残しつつ、かつて坂本とともに挙国一致海軍の建設に邁進していた時代を懐かしんでいたことだろう。

「坂の街赤坂」は、幕末から維新へ駆け抜けた一人の幕臣の出世を見守った町でもあったのである。

千駄ヶ谷池尻橋 ❖ 沖田総司の最期

肺結核を患っていた新選組の沖田総司はここで亡くなった。
「病死」という天才剣士の「死」にしてはいささか平凡なものだったが、
その死を劇的なものに変えた一匹の黒猫の存在。
玉川上水の畔の植木屋で生を終えた天才剣士の死にざまとは……。

近藤・土方・沖田、三人それぞれの死にざま

幕末、尊王攘夷派の志士を斬りまくった新選組隊士の中で「三人の名を挙げてください」と問うと、たいてい、近藤勇・土方歳三・沖田総司の三人の名が挙がるのではなかろうか。

その三人はそれぞれの「死にざま」も個性的で面白い。

まず近藤は、その年の九月八日に明治元年（一八六八年）となる四月二日の未明、新選組と旧幕府軍の残党をかき集め、千葉の流山に着陣していた。ところが、流山の近藤隊は翌三日、日光街道の越谷宿《こしがや》（埼玉県）にまで進駐してきた新政府軍の斥候《せっこう》隊に急襲され、ほとんど戦わずに恭順の意を示した。近藤に出頭命令が出され、近藤は変名の大久保大和として出頭したが、正体を見破られ、四月二十五日、新政府軍の本営である中山道板橋宿で処刑された。あまりにもあっけなく捕縛されたため、新選組局長の名に恥じるという批判もあるが、なかなかどうして、筆者はそこに近藤の遠謀深慮があったとみている。

新政府参謀西郷隆盛（薩摩藩士）と旧幕臣勝海舟が江戸城無血開城へ向けた会談をおこなっていた三月半

ばごろ、勝の手紙に「船橋・松戸・流山（いずれも千葉県）あたり、江（戸）脱走の者ども多数あい集まり居り候」とあって、水戸街道・流山街道沿いに、新政府軍に降伏しようとする幕府の方針に不満を抱く者らが集まっていた。このとき近藤は、大名が任じられる若年寄格という処遇を受けていた。幕府そのものは表面的には消滅していたものの、実質上の組織としていまだ機能しており、近藤は幕府の幹部という立場になっていたのである。近藤は新政府と戦うためではなく、むしろ、幕府の指示にしたがい、松戸・流山方面の脱走兵らを鎮撫する目的で流山へ向かったのだろう。

　そのことは、新選組隊士の永倉新八がのちに残した回想録によって裏付けられる。会津であくまで新政府軍に抗戦しようという永倉へ、

「拙者は、さようなわたくしの決議には加盟いたさぬ」

と近藤が突っぱね、永倉らと袂をわかっている。

　有利な条件で江戸城無血開城に漕ぎつけた勝や幕府幹部にとっても、幕府内の跳ねっ返り者は邪魔な存在だった。したがって近藤が流山への進軍後、新政府軍に出頭したのは、ある意味、自身を犠牲にすることによって新選組や幕府の残党を丸ごと空中分解させる狙いがあったとみたい。

　やや複雑な近藤の最期に対して土方の場合は至極わかりやすい。

　近藤の投降後、土方は旧幕府軍歩兵奉行の大鳥圭介と合流し、四月十一日に江戸開城が成立すると江戸を抜け出し、各地で新政府軍と戦った。徹底して新政府軍と戦う姿勢を貫いたのである。八月には会津藩境の母《ぼ》成《なり》峠（福島県）の戦いで会津藩領へ攻め入る新政府軍と戦い、その後、仙台に至り、旧幕府海軍副総裁の榎本武揚とともに仙台を出航し、蝦夷地（北海道）へ渡った。内浦湾に面した鷲ノ木（森町）に上陸した一行は函館の五稜郭（旧函館奉行所）へ進軍してそこを占領。新政府の支配を脱して蝦夷地で榎本政権を打ち立てた。その新政権で土方は陸軍奉行並についている。土方はややもすると新政府に対して弱腰の姿勢をみせる榎本をたえず炊き付けていたといわれ、政権内で徹底抗戦派に属した。

　新政府軍は明治二年四月九日に江差方面に上陸し、函館総攻撃を開始する。このとき土方は頑強に降伏に反対したという。榎本政権側は攻め

寄せる新政府軍の攻撃に耐えきれず五稜郭に撤退したが、不屈の土方はなおも一本木関門（函館市内の若松緑地公園付近）を死守しようとして銃弾に倒れる。近藤の処刑からほぼ一年がたっていた。

　自己犠牲の果てに処刑された近藤といわば劇画的な討ち死を遂げた土方。この二人に比べると、沖田の場合は病死。肺結核を患った沖田はいわば畳の上で亡くなっている。享年二十五歳とも二十七歳ともいわれる。ある意味、平凡な最期といえるが、一匹の黒猫の存在がそうはさせなかった。

　療養中の沖田が三味線を奏でると、その黒猫がどこからかやって来たという。沖田には黒猫が死神に見えたのかもしれない。作家の子母澤寛氏が旧幕臣からの聞き書きをもとに書いた『新選組始末記』によると、沖田はその黒猫を斬ろうとしたが斬れず、「ああ、斬れない。斬れないよ」といったという。肺結核が彼の体力を奪い、刀を振り下ろす力がもはやなかったのだろう。事実、沖田を取り扱った作品にはしばしば、その黒猫が登場する。また、近藤が板橋で処刑されてしばらくたった五月三十日の夕刻、沖田は付き添いの老婆に「あの黒い猫は来てるだろうなあ」という言葉を最後に絶命したという。

　一匹の黒猫の登場が平凡な沖田の最期を一気に劇的なものにしたのである。

　その沖田の療養先は東京にあった。浅草・今戸八幡（今戸神社）境内の松本良順（旧幕府軍陸軍軍医）の自宅だったという説があるものの、「沖田は千駄ヶ谷池尻橋（新宿区）の際《きわ》にあった植木屋平五郎宅で亡くなった」とする説が大勢を占めている。平五郎宅の納屋だったともいわれるが、詳しくはわからない。庭先には玉川上水が流れ、その植木屋には水車もあったという。池尻橋というのは玉川上水にかかる小橋の名だ。

　幕末の江戸切絵図にその植木屋が記されている。①の「植木屋　水車」とあるところだ。もう一軒、近くにやはり植木屋があり、その脇に「池尻ト云《いう》」と書かれているのがお分かりいただけるだろう。千駄ヶ谷池尻界隈は田圃が広がる田園地帯で、療養に適している地であると同時に、植木屋がいくつかあったと考えられる。

ついでに周辺をみておくと、②の「内藤駿河守」は信州高遠藩内藤家の中屋敷。徳川家康が部将の内藤清成に「馬で走れるだけの土地を与える」といい、清成がその地を拝領したという話が伝わっている。①の植木屋の裏あたりに小さな社《やしろ》（多武峰《とうのみね》内藤神社）があり、そこに残る「駿馬塚」がいまもその伝承を物語っている。高遠藩邸の跡地がいまの新宿御苑である。沖田逝去の地である植木屋跡は新宿御苑・千駄ヶ谷門のすぐ近くにある。

③が四谷大木戸。④が甲州街道の宿場である内藤新宿。鳥羽伏見の戦いに敗れた新選組が江戸へ帰還し、幕府に甲府城の接収を命じられるが、彼らが甲陽鎮撫隊として甲州街道を進軍するにあたり、一泊目の宿をここ内藤新宿にとり、街道沿いの遊女屋すべてを貸し切って気勢をあげたと伝わる。

池田屋騒動で沖田は喀血していなかった？

それでは、沖田は療養先の植木屋で何を思い、どのように日々暮らしていたのだろう。近藤が板橋で処刑された事実はかたく秘匿されていたという。沖田にはミツという姉がい

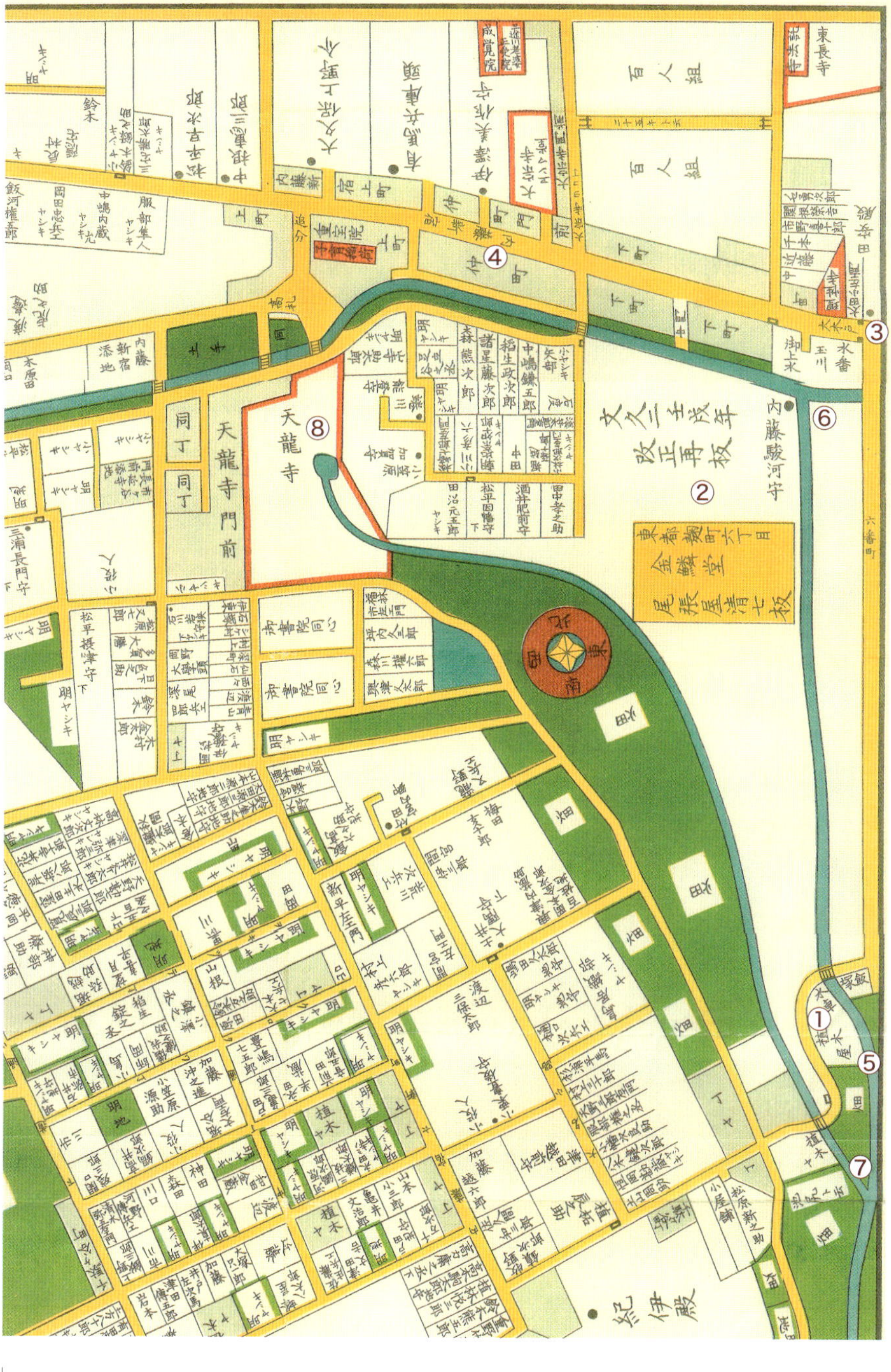

百人組
百人組
文久二壬戌年改正再板
東都麹町六丁目
金鱗堂
尾張屋清七板
内藤駿河守
天龍寺
天龍寺門前
三浦長門守
松平摂津守
紀伊殿
①
②
③
④
⑤
⑥
⑦
⑧

て、婿養子（沖田林太郎）をとっていたが、しばしここを訪れ、弟を見舞っていたという。沖田は亡くなるまでその姉に、

「近藤先生はお元気でしょうか。便りがないので心配しています」

と尋ねていたという。さて、ミツは何と答えたことか。

　筆者は、沖田が黒猫を斬ろうとしたが斬れなかったという話より、むしろ、好天のある日、離れ座敷の縁側に腰かけた沖田が三味線をつまびき、その音に黒猫が釣られてやって来て、沖田がにっこり微笑む――そんな姿を思い描いている。

　縁側は庭に面し、庭の前には玉川上水が流れていた。子母澤氏（前出）によると、近藤勇五郎（近藤勇の婿養子）の談話として、庭には梅の木がいっぱい植わり、遠くに雑木林が見え、東側と南側の縁側の障子には一日中陽が当たっていたという。そんな縁側に座って三味線をひく沖田と黒猫、そして玉川上水。最期の時を迎え、殺伐とした幕末動乱の時代を駆け抜けていた当時の剣客の表情とはまたちがうそれをのぞかせてくれるのではなかろうか

　そんなシーンはあとで再現するとして、ひとまず、沖田の生涯を振り返っておきたい。

　白河藩士を父にもつ沖田（幼名惣次郎）は麻布（港区）の白河藩邸で生まれた。九歳あるいは十二歳のとき、市谷柳町（新宿区）にあった天然理心流の試衛館道場へ入門する。そこで、やがて道場を継ぐ近藤や土方らと出会い、文久三年（一八六三年）二月、浪士組結成に参加して近藤・土方らとともに上洛する。

　浪士組は分裂し、近藤らは京に残って水戸藩出身の芹沢鴨とともに新選組を結成。新選組は京都守護職会津藩お抱えの治安部隊となった。しかし、芹沢一派と近藤一派が対立

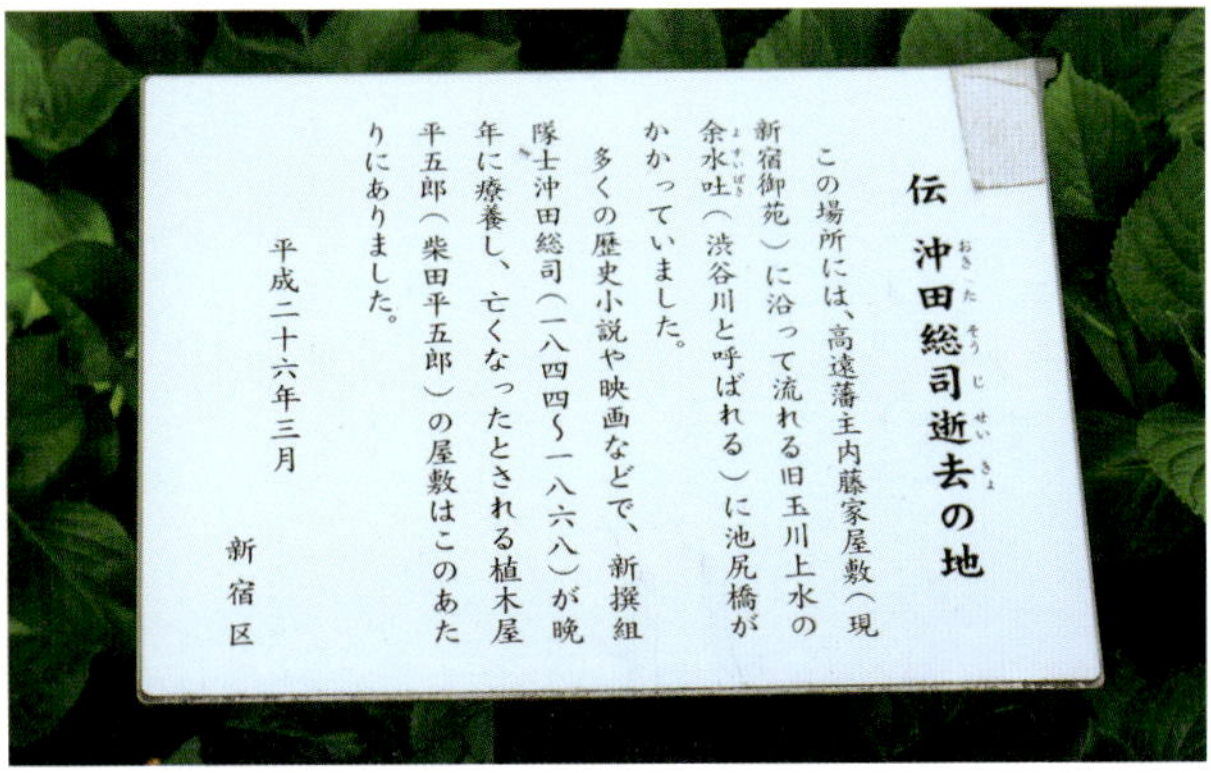

Ⓐ「伝　沖田総司逝去の地」の説明板

し、近藤一派によって芹沢は暗殺される。沖田ら四～五名が芹沢の寝所に忍び入り、言葉もかけずに斬りつけると、芹沢は脇差を抜いて立ち上がり、沖田はその際、鼻の下に軽傷を負ったという。

そして翌元治《げんじ》元年（一八六四年）六月五日の夜、新選組の名を一躍有名にする事件が起きる。池田屋騒動である。過激攘夷藩である長州藩がその前年の八月十八日、会津藩と薩摩藩が仕掛けた政変によって京を追われ、失地回復のために長州藩士らが三条小橋の池田屋で鳩首していた。そこに近藤と沖田ら五名が斬りこんだ。かなりの激戦だったらしく、近藤がのちに郷里へ宛てた手紙で、このとき沖田の刀の帽子（切っ先部分）が折れたという。

池田屋で沖田が喀血したという話もよく知られている。映画やドラマでは必ず沖田の喀血シーンが登場するが、果たしてどうか。

たしかに、近藤や沖田とともに池田屋を襲撃した永倉（前出）の回顧録には「（沖田は）持病の肺患が再発してうち倒れた」と書いてある。だが、喀血したとは書いていない。沖田が肺結核であった事実は当然、永倉も知っている。だから明治後に回顧した際、沖田が斬り合う間、何かの拍子に倒れたのを肺患のためだと思いこんだのではあるまいか。ところが、永倉の回顧録にそうあったものだから、沖田が肺結核のために喀血して倒れたという誤伝になって広まったものと考えられる。

そもそも、もろもろの史料からみて沖田の病状が悪化するのは慶応三年（一八六七年）の夏以降。仮に池田屋騒動の際に初めて喀血していたとしたら、沖田がスーパーマンでない限り、まる三年も激しい隊務をこなせるとは思えない。喀血という症状がでたのはもっと後の話だろう。

というのも、松本良順（前出）が明治にまとめた回想録によると、新選組の屯所が壬生から西本願寺へ移ったのちの慶応元年（一八六五年）閏《うるう》五月、松本がいまでいう隊士らの集団検診をおこなった際、「難患（難病の患者）は心臓肥大と肺結核と二人のみ」という結果になっているからだ。心臓肥大患者はその年の十一月に亡くなった尾関弥四郎とみられ、肺結核患者は不明ながら、沖田のことだと考えられる。このとき発覚したのではなかろうか。

沖田の顔

　さて、いよいよ幕末動乱はクライマックスを迎え、十二月九日、王政復古の大号令が下って幕府は廃止される。京の将軍徳川慶喜は大坂城へ下がり、あわせて新選組も伏見奉行所へ移動した。当時新選組は内ゲバで伊東甲子太郎一派（御陵衛士《ごりょうえじ》という）を粛清していた（油小路の決闘）が、御陵衛士らの耳に、沖田が京の六条にあった近藤の妾宅に潜伏しているという情報がもたらされる。

　沖田らに油小路で伊東はじめ同志の多くを討ち取られた彼らは十八日の早朝、妾宅へ斬りこんだが、沖田は夜前に引き取り、事なきをえている。だが、その日の日中、所用で京へのぼっていた近藤が伏見へ帰る途次、御陵衛士らに待ち伏せされ、かろうじて虎口を逃れたものの、右肩に銃創を負った。

　このころ病状がかなり悪化していた沖田は近藤とともに大坂城へ移り、のちに明治と改元される翌慶応四年正月三日に勃発した鳥羽伏見の戦いには加われなかった。

　鳥羽伏見で敗れた旧幕府軍は江戸へ退去した慶喜の後を追い、十二日、富士山丸で大坂を発ち、十五日、品川湊に入港した。江戸へ下る船中、沖田は寝たきりだったというが、周囲の者に冗談をいい、「笑うとあとで咳がでるので閉口するな」と軽口をたたいていたという。自身に待ち受ける運命はすでに分かっていたと思うが、明るい性格だったのである。

　江戸に入った沖田は近藤とともに神田和泉橋（千代田区）の西洋医学所で治療を受けていたと考えられる。そののち、甲陽鎮撫隊（前出）に沖田が加わったという説もあるが、とてもそうしたことがかなう病状ではなかっただろう。甲府城の接収に失敗した近藤が流山に進軍したことは前述したとおりだが、沖田はその間に千駄ヶ谷池尻橋の植木屋平五郎宅へ移ったとみられる。なぜ千駄ヶ谷の植木屋だったのか詳細は不明ながら、松本の紹介だといわれる。

　ところで、問題は沖田の顔である。これまで映画やドラマで「美青年」に描かれることが多かった。しかし、昭和四十八年に放送されたNHKの特集番組『偶像の周辺　新選組沖田総司』で、総司はヒラメみたいな顔をしていたと、佐藤昱《あきら》という人がいってしまったから、さあ、大変。「美男子」の沖田像が一気に崩れてしまった。

佐藤昱という人は、甲州街道日野宿の名主で新選組のスポンサーだった佐藤彦五郎（土方の叔父）の曾孫にあたる。郷土史家の谷春雄氏がそのNHKの放送の前に昱氏に会い、こんな話を聞いたと『新選組隊士異聞』（新人物往来社）に書いてある。

《佐藤氏は、

「私が中学生の頃、よくうちのじじい（佐藤氏は祖父俊宣氏のことを〝うちのじじい〟といわれる）に新選組の話をせがんだものだ」

といわれた。

近藤、土方、沖田の話などいろいろ聞いたが、ある時、沖田総司というのはどんな人だったと聞いたところ、

「背が高くて、色は浅黒い方で、少し猫背のように背を丸めていたがよく笑う人だった」といわれたので、重ねてどんな顔をしていたかと聞いたところ、

「ひら顔で目が細く、そうよな、ヒラメみたいな顔をしていたよ」

と語っていたという》

佐藤家で語り伝えられてきた話らしく、谷氏は、NHKで佐藤氏みずから〝発表〟したあとだから〝解禁〟になったと思い、ここに記させていただいたとしている。

しかし、〝ヒラメのような顔〟というのはあくまで印象にすぎない。西郷隆盛も肖像画や写真を嫌い、実際にどんな顔だったかが分からず、いまだに謎が謎を呼んでいるが、沖田も同じだ。

Ⓑ外苑西通りをはさんで、左が四谷警察署大京町交番、その右側の木が繁っているあたりが沖田総司逝去の地

Ⓒ 植木屋平五郎邸のはなれがあったと思われる場所（写真右手のマンション敷地内）

一方、インターネットなどで「沖田の肖像画」として出回っている肖像がある。実際には沖田の姉ミツの孫・要氏をモデルに描かれたものだとされるが、その〝肖像画の沖田〟は、下ぶくれで愛嬌のある顔だ。〝ヒラメのような顔〟という漠然とした話より実体的といえるものの、やはり、美男子とはいいがたい。

玉川上水の余水吐《よすいばき》

美男子であろうがなかろうが、沖田は沖田。剣客として一世風靡した人物であるのはまちがいない。それでは、攘夷志士らを震え上がらせた剣士の最期――療養中の沖田の暮らしを垣間見るべく現場に向かってみよう。

現場はＪＲ千駄ヶ谷駅と東京メトロ新宿三丁目駅のちょうど中間あたり。勢揃い坂からもさほどの距離はないから、あわせて散策してみるのもいいかもしれない。

筆者は千駄ヶ谷駅で降り、外苑西通りを北へあがった。首都高速道路とＪＲのガードをくぐると、左手に新宿御苑の塀が見えてくる。御苑の千駄ヶ谷門をすぎると外苑西通りはゆるやかにカーブしているが、道なりに進む。

交番が近づいてきたら、左手の歩道脇に注目してもらいたい。幅三メートルほどの側溝が忽然と現れる（下の写真）。雑草が生い茂り、水は流れていないが、そこが玉川上水跡である。江戸切絵図で確認すると、⑤のあたりに交番がある。つまり、交番は水路跡の上に立っているのだ。

しばらく進むと「伝沖田総司逝去の地」の説明板が目に飛びこんでくるはず。平成二十六年三月に新宿区がたてた説明板だ。「伝」と控えめに書いているのは、前述したように浅草・今戸も沖田逝去の地とされているからだ。

今戸で沖田が亡くなったとする説のネタ元はこれまた永倉新八。ただし彼は、近藤がまだ神田和泉橋の西洋医学所で療養しているときに袂《たもと》をわかっている。そのころ、沖田が神田和泉橋から浅草・今戸の松本良順宅へ移っていたのだろう。近藤たちとちがう道を歩むことになった永倉は、そのあと沖田の療養先が千駄ヶ谷へふたたび移されたことを知るはずがなく、今戸で亡くなったものと思いこんだのだろう。

「伝　沖田総司逝去の地」の説明板を前に立つと、蛇行して流れる旧玉川上水の遺構（水路跡）の向こう側に中層マンションの裏口が見える。江戸切絵図で確認すると、植木屋平五郎宅①も蛇行する玉川上水の角に位置しており、マンションの北東隅

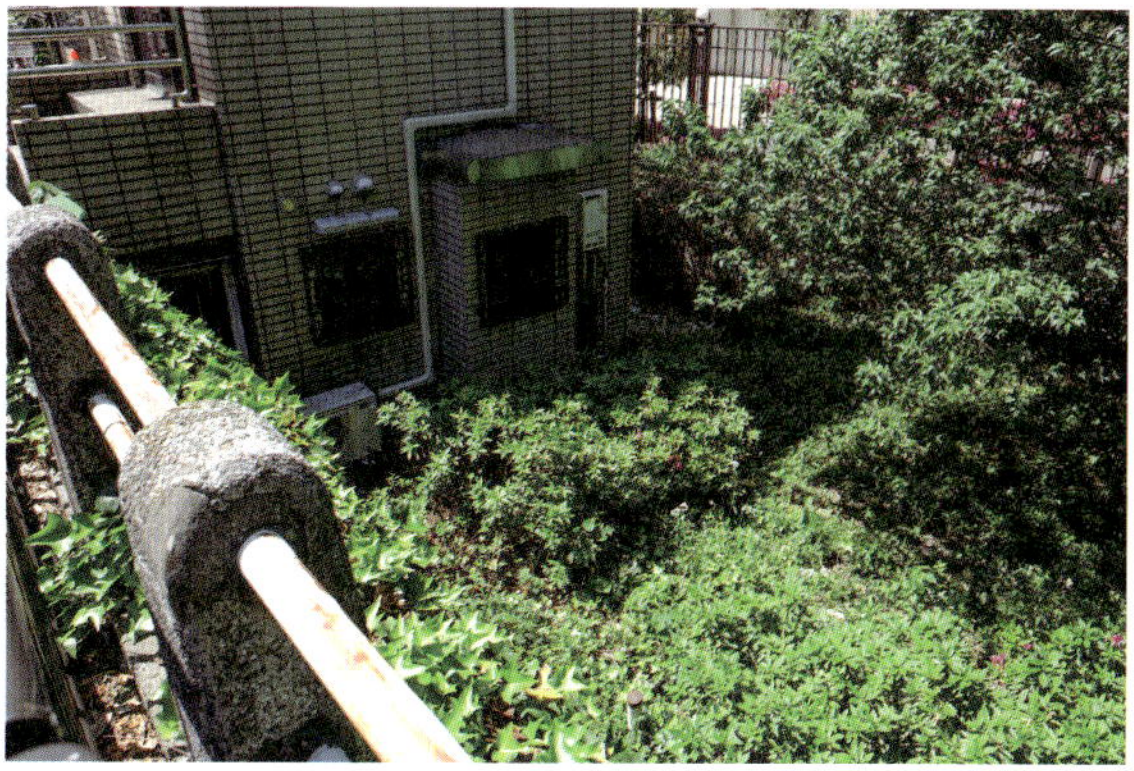

大京町交番が建っているところより一段低い場所が余水吐の流水跡

がそれにあたる。透かして見てみよう（132~3ページ）。

慶応四年は閏年で四月が二回あり、沖田が亡くなった五月三十日はいまでいうと、夏真っ盛りのころだ。家の北と東を流れゆく玉川上水のせせらぐ音が暑さを少しは紛らわせてくれていたことだろう。

通りを反対側に渡って俯瞰して見ると、植木屋平五郎宅を北東隅に擁するマンションが緑の街路樹の向こうに聳え立ち、それが沖田の墓標のように見えなくはない（129ページの写真）。

ところで、これまで玉川上水と当たり前のように書いてきたが、正確にいうと沖田が眺めているのは玉川上水の余水吐《よすいばき》というべきもの。ご承知のとおり、承応元年（一六五二年）、幕府が多摩川の水を江戸に引き入れるため、羽村取水口から四谷大木戸までの全長約四十三キロメートルを素掘り（崩れの補強をおこなわずに掘削すること）し、水路を完成させた。それが玉川上水である。

四谷大木戸からは暗渠の上水道になって江戸の町に水の恵みをもたらしていたが、玉川上水の水量が多くなりすぎないよう調整しなくてはならない。そこで大木戸付近から渋谷川に流しこむための水路が必要になった。それが余水吐である。

したがって、江戸切絵図の⑥の分岐点から⑦で渋谷川に合流するまでを玉川上水余水吐という。ちなみに渋谷川は⑧の天竜寺付近を源流となし、外苑西通りから原宿・渋谷・広尾方面を経て、下流は古川と名を変えて江戸湾へ注いでいる。

さて、いま話題になった天竜寺だ。そこには江戸の人々に時刻を告げる「時の鐘」の一つがあって、いまも、その境内には江戸時代半ばに鋳造された鐘が鐘楼に吊り下がっている。沖田が五月三十日、息を引き取ったのが暮れ六つ（午後六時）の鐘が鳴る刻限だったといわれる。沖田の耳に最後に届いたのは、その天竜寺の鐘の音だったのかもしれない。

上野❖徳川幕府の終焉

明治新政府と旧幕府軍との激しい戦闘の舞台となった上野恩賜公園。
この上野戦争の勝敗を分けたのは、
新政府軍の新兵器アームストロング砲だったというが……。
下谷広小路から黒門までたどり、
高低差に秘められた新政府軍勝利の瞬間を追う。

「上野のお山」という名の要塞

やって来たのは、上野広小路にある松坂屋。この日はあいにくの曇天だった。

「あの日は雨が降っていたんだなあ」

と思い、雲が垂れこめる空を仰ぎみる。

あの日というのは、その年の九月八日に明治元年（一八六八年）となる五月十五日のこと。彰義隊をはじめとする旧幕府軍と明治新政府軍（官軍）との間で戦争があった。

上野戦争という。戊辰戦争（官軍と旧幕府軍の一連の内戦をそう呼ぶ）のなかでも屈指の激戦だった。

上野戦争で官軍の本営となったのが松坂屋だ。前身は、いとう呉服店。織田信長の家臣伊藤蘭丸祐道《すけみち》という人が清洲から名古屋へ移って、城下の本町に小間物商の看板を掲げたのがはじまりだ。いとう呉服店は十八世紀の後半、上野の松坂屋を買収して江戸への進出を果たし、名を「いとう松坂屋」とあらためた。上野戦争では「西郷《せご》どん」こと西郷隆盛も本営の松坂屋で指揮をとっている。松坂屋のホームページには、当時の弾痕をとどめた看板の写真が掲載されている。その事実だけからも戦い

Ⓐ 上野公園の入り口。右手に山王台への登り階段が見える

の激しさが窺われる。

　近ごろは上野にも外国人観光客が増えてこれまで以上のにぎわいをみせ、明治元年のその日、ここが銃弾や砲弾が飛び交う激戦地だったとは、どう想像力を逞しくしても思い浮かばない。そうなると、どうしても当時の光景を透かし見たくなってしまう。

　その前にまず、上野戦争へ至る流れをおさえておこう。

　鳥羽伏見の戦いに敗れて「賊」となった前将軍徳川慶喜《よしのぶ》の汚名をすすぐため、江戸幕府の旗本ら旧幕臣がその年の二月、浅草本願寺で「義を彰《あき》らかにする」という意味で彰義隊を結成した。やがて新政府に不満を持つ者らも加わり、官軍の江戸攻撃の風聞が流れたこともあって、彰義隊は本営を上野寛永寺に移した。隊頭は七千石取りの旧旗本池田大隅守だが、事実上の隊長は、百姓の次男坊から幕臣になった天野八郎（頭並《かしらなみ》）。四月十一日に江戸城が無血開城されたあとも、彰義隊士と官軍の兵士が江戸市中で行き会うと斬り合い騒動を起こし、官軍にとって見すごすことのできない存在になってきた。こうして五月十五日、官軍は寛永寺へ総攻撃をおこなう。

　そう、寛永寺だ。いまは上野恩賜《おんし》公園と呼ばれ、博物館や美術館、動物園などがあって、「上野のお山」で親しまれる山そのものが要塞だった。

　江戸時代のはじめ、政僧と呼ばれた天海大僧正が京都の鬼門にあった比叡山延暦寺をまねて上野に徳川家の霊廟として寛永寺を建立し、東の比叡山という意味で「東叡山」と号した。

　彰義隊の名付け親として知られる旧幕臣阿部弘蔵（のちに新政府の文部官僚となる）の手記には「南門を黒門と云ふ」とあり、つづいて「そのほかになお七つの門あり。新黒門と云ひ、車坂門と云ひ、屏風坂門と云ひ、新門と云ふ四門は、山の東の方なる下寺通より坂本に出つる口なり」、さらに「稲荷門と云ひ、清水門と云ひ、谷中門と云ふ三門は、山の西の方より北の西の方なる根津谷中に出つる口なり」と書いている。

　阿部弘蔵がいう寛永寺東側の「下寺通」（いまの岩倉高校付近）は読んで字のごとく、「下」の「寺通」であって、お山の「下」に寛永寺の子院群が建ち並び、その下寺通は坂本町を抜けて日光・奥州街道へと通じていた。逆にその両街道方面からは車坂門・屏風坂門などを通って山内へ入るわけだが、車坂・屏風坂とあるとおり、坂道をのぼらねばならない。つまり、官軍がここから攻めようとしても、その高低差が邪魔をする。

　また、根津谷中方面へと通じる西側の三つの門は、背後に不忍池をかかえ、これまた攻めにくくなっている。寛永寺を要塞だといったのは、そこが「城」といってもいい造りの要害の地であったからだ。

ＪＲ上野駅の公園口に立つと、上野のお山が要害であって、かつ、広小路方面とかなりの高低差になっていることが実感できる。

公園口の改札を出ると正面に東京文化会館、その右手には近代建築の巨匠ル・コルビュジエの作品群の一つとして本館が世界文化遺産に登録されている国立西洋美術館、さらにその右手に巨大な恐竜の骨格標本が迎えてくれる国立科学博物館へとつづいている。

江戸時代、寛永寺の本堂（根本中堂）のすぐ東側に子院が四軒ならび、四軒寺と呼ばれていた。文化会館や美術館、博物館のあるあたりがその跡地だ。つまり、公園口の改札を出ると、江戸時代ならそこはすでに寛永寺の山内《さんない》。改札を出て、広小路方面へ向かうには左へ進み、かなりの坂道を下らなければならない。上野広小路はもともと下谷広小路といった。上野の「上」に対して「下」の谷。文字面《づら》からも高低差を理解いただけるだろう。

と、ここまで高低差についてあれこれ書いてきたのは、筆者が〝高低差マニア〟だというだけではない。寛永寺そのものが要害の地であり、東と西からは攻めにくい反面、一つだけ地形上の大きな弱点があって、それが上野戦争と大きく関係しているからだ。

三橋と「みはし」と石組水路

寛永寺の弱点は、黒門と呼ばれる南門にあった。

いまの中央通り、すなわち、松坂屋の前の道は江戸時代、「御成道《おなりみち》」と呼ばれ、江戸城から寛永寺へ参詣する将軍はその御成道の正面にある黒門から入った。だから黒門付近はゆるやかなスロープになっている。駕籠に乗っているにしても〝将軍様〟にきつい坂道をのぼらせるわけにはいかないという配慮があったのだろうか。

寛永寺に籠った旧幕府軍は山内の諸門すべてに守備兵を置いたが、とくに守りを固めたのが黒門口だった。そこが弱点だと分かっていたからだ。もちろん、官軍も分かっている。だからこそ精鋭といわれる薩摩藩兵を黒門口攻撃の最前線に差し向けた。

その作戦を練ったのは長州藩士の大村益次郎。幕末の洋学・兵学者で、近代的兵制の導入に取り組み、日本陸軍の生みの親といわれる人物だが、

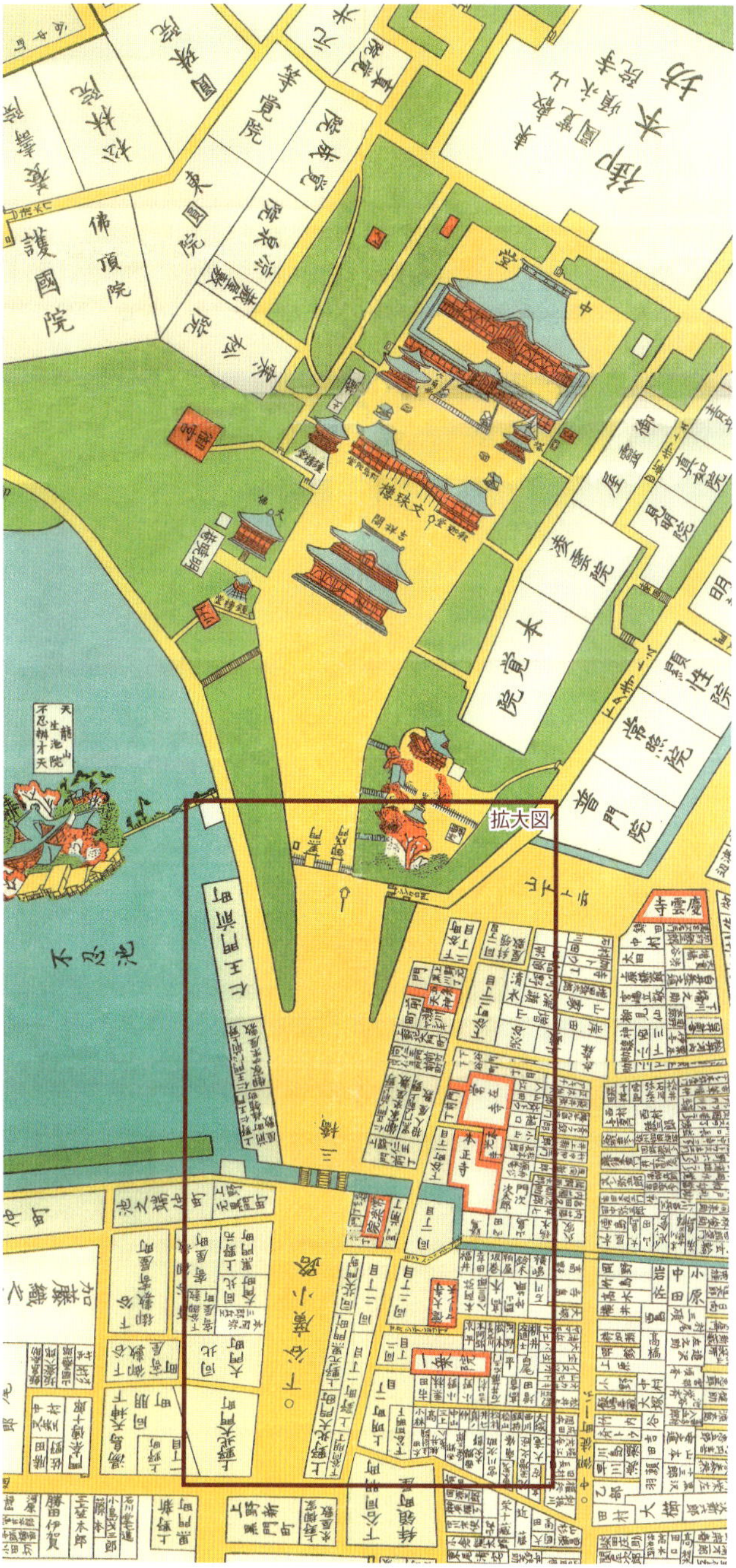

当時、江戸府判事の職にあり、上野戦争の指揮を一任されていたのである。

その大村に噛みついた男がいる。薩摩藩士の海江田《かえだ》信義だ。

薩摩兵が前線で苦境に陥ったとき、援兵を乞う使者が松坂屋の本営にいた大村のもとにやって来た。しかし、大村は援兵を出そうとしない。出せなかったのかもしれない。使者と大村の間で、こんなやりとりがあった。

「判事は薩摩もんを皆殺しにするつもりでごわすか」

「そのとおり」

この話が海江田の耳に入ったのだ

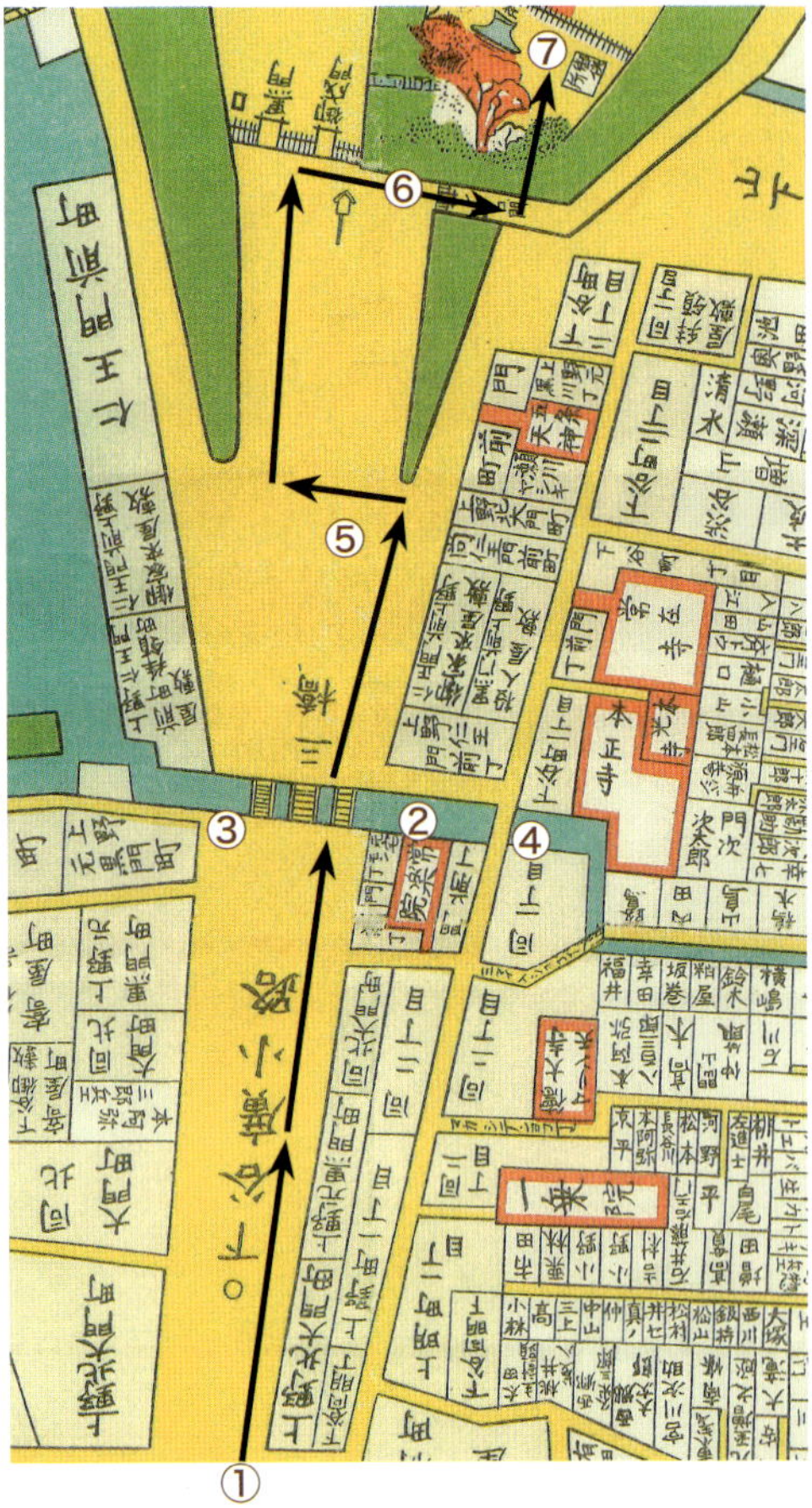

ろう。のちに大村は京の三条木屋町で刺客に襲われ、そのときの傷がもとで死去するが、海江田が刺客を放ったという噂が囁かれている。さすがに海江田もそこまではしないと思うが、そういう噂が流れるほど、黒門口では両軍が激しくぶつかり合ったのだ。

官軍の兵力はおよそ三千。一方、山内に籠る彰義隊は一千。しかし、旧幕府に同情的な諸藩の兵も加わり、およそ三千の旧幕府軍が官軍と対峙した。数の上では互角である。旧幕府軍は寛永寺子院の寒松院（いまの上野動物園敷地内）を、前述したとおり官軍は松坂屋を本営にしていた。

黒門口の前には忍《しのぶ》川という小川が流れ、そこに三つの橋がかかっていた。三橋《みはし》という。中央の橋は将軍専用。両端は庶民も通っていい小橋。

旧幕府軍はその三橋の付近に柵をもうけ、黒門を守るための前線とした。したがって、その三橋付近の攻防が序盤戦のカギを握ることになる。

戦いの当日は前述したように雨。取材当日はあいにくの曇り空だったが、逆に晴れていたら気分は盛り上がらない。雨が降っていてくれたらもっと雰囲気はでるのだが、取材で写真を撮ったりメモを取ったりするのに傘が邪魔になるから、正直それも面倒。曇り空がちょうどいい。

それではスタート。車のクラクションや排気音などを飛び交う砲弾の音に見立て、大激戦となった黒門口の戦いを透かし見に行くこととしよう。

幕末の江戸切絵図で官軍の本営となった松坂屋の位置を確認すると、①付近がそれにあたる。

まずは彰義隊の前線である三橋の位置を特定しなければならない。切絵図に示した矢印にしたがって歩き、「アブアブ上野店」をすぎたあたりで、軽い興奮を覚えた。右手の「アメ横センタービル」へつきあたる横道をのぞくと、その道がゆるやかに下っていたからだ。

忍川は不忍池から流れ落ちる小川。つまり、ゆるやかに下っているのはそこが川筋であった痕跡、そこが川であった何よりの証拠だ。したがって、切絵図の②の部分が大通りから「アメ横センター

Ⓑ 三橋がかかっていたと思われる交差点。向こうに上野の森が見える。

甘味処「みはし」

旧上野三橋町の観光案内図

ビル」へつきあたる横道にあたる。

　中央通りをわたる人の流れに釣られ、通りの向かい側に目をやった。「マツモトキヨシ」の看板が目に飛びこんでくる。そのドラッグストアを目印にすると、その北隣のビルの裏側がちょうど不忍池に面している。切絵図で示すと③が「マツモトキヨシ」、④が「アメ横センタービル」。つまり、③の北隣のビルと④の二つを結ぶライン上の中央通り（江戸時代の御成道）に、三橋がかかっていたのである。

　その三橋にまつわる〝こぼれ話〟を少し。明治の初めの写真にはまだ忍川も三橋も映っていたが、やがて忍川は暗渠《あんきょ》となり、三橋は必要なくなって撤去される。昭和五年（一九三〇年）、中央通りの地下に地下鉄銀座線を通す開設工事のために暗渠も分断され、川筋であったところにコンクリート管が埋められた。それから八十年近くたった平成十九年（二〇〇七年）、広小路の地下に台東区営駐車場を建設する際、石組水路跡が発見されたのである。この遺構は三橋に関係するものと考えられている。

　台東区のホームページには控えめにそう書いているが、忍川の護岸部分が地下鉄工事を逃れ、一部残っていたものにちがいない。江戸時代に忍川の護岸を固めていた石組だろう。興味ある方は台東区のホームページに写真が掲載されているのでご覧いただきたい。その石組水路から推定するに、三橋のある忍川の川幅は、およそ三メートルと考えられる。

　余談ばかりで話がいっこうに進まないのが気がかりだが、余談ついでにいうと、三橋のたもとに立っていた筆者が少し先で目にしたもの、それは「みはし」の看板だった。戦後まもない昭和二十三年（一九四八年）創業の甘味処で、あんみつが名物。筆者も食べたことがある。もちろん、三橋にちなんだ店名だ。

旧幕府軍、「放火ならず！」

　その甘味処から少しだけ上野駅方面へ行ったところに建つ「世界ビル」が次のポイント。ここに上野戦争があった当時、「雁鍋《がんなべ》」という料理屋があった。〝広小路の雁鍋〟といえば、幕末から明治にかけて知らない人がいないほど有名だったらしく、森鷗外ら文豪の作品にも登場してくる。その鳥鍋屋さんが上野戦争の勝敗に大きくかかわるのだ。順を追ってご説明申し上げよう。

　その前に「世界ビル」の前あたりにちょうど横断歩道があるので渡っておこう。渡り終えた地点が⑤。公園前派出所のある広場だ。すでにここは旧幕府軍の陣地内。前線の三橋と黒門とのほぼ中間地点だ。

　明治の末ごろに書かれた『西郷隆盛伝』には、黒門口の戦いの戦況が克明に記載されている。それによると、静寛院（十四代将軍徳川家茂《いえもち》の正室となった皇女和宮）と天璋院（十三代将軍徳川家定の正室となった薩摩藩主島津斉彬《なりあきら》の養女）の使者が旧幕府軍に降伏をすすめたものの、受け入れられず、悄然と黒門を出て、三橋を後にしたとたん、官軍の陣地内からドドーンと一発、大砲が撃ちだされたとある。いよいよ開戦だ。

　それが午前七時ごろ。すると、こんどは旧幕府軍の陣地内から大砲が官軍の陣地内へ雨あられのように降り注いだ。

　旧幕府軍は、山王台（現在、西郷隆盛像が建つ高台）に臼砲《きゅうほう》・四斤砲《よんきんほう》をすえ、官軍陣地へ砲弾の雨を降らせたのだ。官軍も本営の松坂屋前から三橋方面へ大砲を押し出して応戦するが、山王台とではずいぶん高低差がある。そう、またしても高低差だ。『西郷隆盛伝』でも高所から撃ちだされる旧幕府軍の砲撃に官軍の兵士は狼狽し、それを見てとった旧幕府軍は腕に覚えのある者が黒門から飛び出して縦横無尽に斬りまくったので、三橋を越えて攻め寄せようとしていた官軍は後退を余儀なくされたという。そこで黒門口の

山王台から広小路方面を見下ろす西郷像。大河ドラマ『西郷どん』の幟が見える。

大将である西郷隆盛が陣頭に立ち、

「あいや、汚き味方の振る舞いかな。九毛の一毛にも足らざる小勢のために、かく見苦しき敗北、薩摩武士の名折れであるぞ」

と一喝するや、

「それ、西郷どんがご出馬でごわすぞ。見苦しき振る舞いをいたして西郷どんの目の前に物笑いとなるなかれ！」

と、薩摩兵はそう励まし合ってふたたび突撃したという。

つまり――。

「いま僕は大変な場所に立っていることになる」

交番で道をたずねる外国人観光客やパンダの風船をもつ子ども連れ、手をつないで歩くカップルらでにぎわう公園前広場からはとても想像できないが、百五十年ほど前、ここで砲撃がとどろく雨空のもと、官軍と旧幕府軍の兵士が白刃をぎらつかせ、死に物狂いで戦っていたとは……。

ただし、『西郷隆盛伝』の記述は少し割り引いて考えなければならない。どの史料を読んでも、午前の戦いは高台からの砲撃で旧幕府軍優位に戦況が進んでおり、いくら薩摩武士の名折れだといわれても、官軍側に白兵戦を演じる余裕があるとは思えないからだ。白兵戦があったのは事実だが、それは後述するように戦況が官軍側有利に傾き、官軍が黒門を突破するかどうかという最終局面になってからだろう。そのとき西郷が陣頭に立ち、薩摩兵を鼓舞した可能性はある。

ともあれ、序盤は旧幕府軍が優勢だった。ただ、雨が禍《わざわい》した。事実上の彰義隊の隊長である頭並の天野八郎（前出）は敗戦後に捕らえられて獄中で『斃休録《へいきゅうろく》』をしたためている。その手記によると、

「わが兵、焼玉を数発するといえども霖雨に玉くすぶり放火ならず。四ツ半（午前十一時ごろ）より、天神男坂下あたりに出火すれども漸々として敵を防ぐの要をなさず」

と書き残している。

焼玉を辞書でひもとくと、「銅製の球に火薬をこめ、火をつけて敵中に投じるものいう」とある。大砲にその焼玉をこめてぶっ放し、家屋などを延焼させ、炎を盾として官軍の突撃を阻む計画だったのだ。ところが、湯島天神の男坂付近の民家で火災が発生したものの、雨で湿っていたために多くの砲弾はくすぶるだけで燃え上がらず、天野は「放火ならず」と無念の一言を残しているのである。

そうしたとき、官軍は奇策にでた。いや、奇策とはいえないかもしれないが、目のつけどころはよかった。そこに例の料理屋「雁鍋」が登場する。官軍側は「雁鍋」ともう一軒、「松源」という料理屋の二階に兵をあげ、そこから山王台へ向け狙撃させたのである。

狙撃は成功したようだ。山王台の砲撃手らが斃《たお》されると、旧幕府軍の砲撃の合間を縫うように官軍は劣勢を盛り返したという。

しかし、目視しただけでも「雁鍋」から山王台までは確実に二百メートル以上はある。正確な狙撃は可能なのだろうか。後日、たまたま幕末以降の兵器に詳しい人と上野に行く機会があり、尋ねてみた。たしかに「雁鍋」のあった「世界ビル」の前に立つと、そこから山王台がハッキリ見える。

「どうでしょう。届きますか?」

「届きますね。砲撃手に銃弾が命中しなくても、銃撃がつづいている間

は、大砲への弾ごめなどの準備ができません。効果はあったでしょうね」

　なるほど——。

　それでも正午ごろまでは官軍の苦戦がつづいた。

　大村益次郎（前出）はそのころ、松坂屋から江戸城へもどり、富士見櫓にのぼって戦況報告を受けていた。早朝にはじまった戦いは午後三時になっても決着がつかない。夜になったら地の利のある彰義隊が有利になる。彼らが夜陰に乗じて江戸市中を放火して回ったら、それこそ収拾がつかなくなる。焦った官軍の参謀らが大村の作戦が失敗だったと責め立てる。すると平然と柱によりかかって懐中時計に目をやった大村は、

「日の暮れるまでには時があります。心配には及びません。もうすこしお待ちなさい」

といった。

　やがて上野の山から煙が上がり、猛火に包まれだした。すると大村は、

「賊兵が寛永寺の堂塔に放火して退却したのでしょう。皆さん、官軍の勝利です」

と告げたと伝わっている。

　大村は、アームストロング砲の効果を十分に計算し尽くし、作戦を立てていたから平然と構えていたのだともいわれる。

「黒門口破れる！」のニセ情報

　アームストロング砲は、佐賀藩がイギリスから購入した最新兵器。射程は三千メートルを超すといわれている。アームストロング砲二門は、富山藩邸に据えられた。富山藩邸はいまの東京大学附属病院付近にあった。いわゆる本郷台という台地上に位置し、不忍池を間にはさみ、上野とはおよそ六百メートル。アームストロング砲の砲撃は正午すぎからはじまったとみられる。

　しかし、当初、その砲弾はお山に届かず、手前の不忍池に落下した。射程三千メートルというのは評判倒れだったのか。

　そうではない。砲弾が飛びすぎ、寛永寺東側の屏風坂門・車坂門（いずれも前出）を攻める官軍兵士にあたってしまうのを恐れたためだといわれる。射程を調節していたのだ。試し撃ちのようなものだったろうか。そのうちに旧幕府軍の陣地内に落下しだし、彰義隊ほかの兵士らの肝を冷やした。アームストロング砲で砲

撃した佐賀藩の史料にも、その砲撃によって旧幕府軍兵士が算を乱して左右に斃れ、死屍累々重なり合う凄まじさだったとある。

また、彰義隊の阿部弘蔵（前出）は、富山藩邸などからの砲弾が「吉祥閣（寛永寺の山門）にあたりて、みるみる火の手のぼり」と手記に書き残している。

この砲撃の凄まじさが勝敗を分けたのは事実だろう。ただ、それがすべてではなかった。官軍の攪乱戦術が功を奏したのである。

上野戦争に関係する編纂史料を読むと、まだ勝敗が定まる前に旧幕府軍の内部から「すでにして黒門（口）、破れんとす」などと叫びまわる者の存在が記録されている。その声に兵の動揺が広がるのだ。官軍は旧幕府軍の内部に攪乱のためのスパ

円通寺に移築された黒門

イを潜りこませていたのだろう。このあたりが大村の狡猾《こうかつ》な戦術だったといえる。

彰義隊の生き残りである小川興郷《おきさと》が画家に描かせた「彰義隊奮戦之図」は史実に近いとされている絵だが、そこでは黒門をバックに両軍の兵士が凄まじい白兵戦を演じている。もはや、黒門口は破られようとしている。

黒門に撃ち込まれた銃弾の痕がいくつも確認できる。

「こちらも急がねば――」

筆者は黒門をめざし、ゆるやかなスロープを駆け上がった。

もちろん、黒門が南千住（荒川区）の円通寺という寺に移築されていることは知っている。いちど現地で見たこともある。門柱といい、門扉《もんぴ》といい、あらゆるところがボコボコの穴だらけ。すべてが銃痕。ものすごい数だ。いったいどれだけ銃弾を浴びたらこうなるのかというほど。それだけ激戦だったのだ。

つまり、筆者が探しているのは黒門そのものではなく、黒門があった場所。明治元年となる年の五月十五日を透かし見るためには、その場所を特定しなければならない。

ほどなく左手の茂みに石碑が見えた。

「蜀山人の碑」とある。太田蜀山人。それより太田南畝《なんぽ》という号のほうが一般的かもしれない。幕臣にして博学多才。江戸時代を代表する文化人だ。碑面には、

一めんの花は碁盤の
上野山　黒門前に
かかるしら雲

という蜀山人の歌が刻まれている。

江戸切絵図と照合してもここしかない。透かし見るとこうなる（150〜1ページ）。

青葉になりつつある桜の並木がつづき、まだ花見のころの名残りで通りの両側にぼんぼりが列をなしてぶらさがっている。「みはし」と書かれたぼんぼりだ。桜の季節にここに来ずとも、テレビのニュース映像でご覧になった読者は多いだろう。満開の桜の下で酔いしれる人たちでにぎわうところだ。

蜀山人の歌に触発され、一句思い出した。

井戸端の　桜あぶなし　酒の酔

詠み人は、江戸時代の女流俳人である秋色女《しゅうしきじょ》。江戸時代から上野のお山は花見で知られていた。

桜を代表するソメイヨシノは、上野公園に現存する一本を原木として全国に広がった可能性があるとの研究結果を千葉大のチームがまとめた――そんな記事を読んだ記憶もある。この日も、春の名残りを惜しむかのように、あるいは、ここに黒門という激戦の象徴が建っていたとは気づかぬふりで、老若男女ちが門を潜り抜けてゆく。

筆者は黒門をはなれ、切絵図に矢印で示した方へと進んだ。⑥の部分に小さな黒門のレプリカと説明板があった。そのレプリカを左に見て、正面にかかっているはずの新黒門をくぐる。そして、山王台へあがった。

いまは階段がついている。〝西郷さんの銅像下の階段〟といったらこれ。

山王台の由来は切絵図からもわかるとおり、江戸時代、山王社⑦がここにあったからだ。いまはない。いま山王社はなくなっているが、その代わりに、犬を連れた浴衣姿の西郷隆盛像がそこにある。ちなみに、139ページの切絵図の中央部分（山王社の上）に〝清水の舞台〟のような建物が描かれている。京の清水寺を参考にして建立された観音堂。こちらは現存しており、本堂内をのぞくと、上野戦争のさいに使用された砲弾が奉納され、実見することができる。

筆者がめざしているのは、その観音堂ではない。西郷隆盛像の奥に彰義隊の墓所と顕彰碑がある。上野戦争がたった一日で終わったあと、円

通寺（前出）住職によって、ここで隊士たちは荼毘《だび》に付された。さきほどの「彰義隊奮戦之図」も墓所に掲げられている。

そしてもう一つ、当時、山王台と呼ばれたここは、旧幕府軍の砲兵陣地があったところだ。ここからドカーン、ドカーンと大砲をぶっ放ち、官軍をさんざん苦しめたのだ。

それでは最後にこんな話でこの記事を締めくくりたい。

彰義隊を率いていた天野八郎の『斃休録』に書かれている話だ。

正午ごろ、天野は砲兵陣地であるここを離れ、他の持ち場を見廻った。その後、官軍のアームストロング砲が炸裂し、旧幕府軍兵士の肝を冷やした。天野がふたたび山王台にもどってきたところ、敗走してきた旧幕府軍守備隊の一部と出会った。天野は彼らと合流して督戦《とくせん》した。まだまだ戦おうというのだ。ところが、後ろを振り返ると一兵たりともついてこなかったという。

天野はこのとき「徳川氏の柔、極まるを知る」と記している。アームストロング砲の砲撃の凄まじさに彼らは臆病風を吹かせたのかもしれない。

だとしたら、ここ山王台は、徳川家ならびに江戸幕府終焉の地といえるかもしれない。

Ⓔ 彰義隊の顕彰碑

紀尾井坂付近 ❖ 大久保利通の暗殺

その日、太政官会議で大久保利通率いる内務省所管の府県統廃合問題が話し合われる予定だった。しかし、大久保はその会議に参加できなかった。通勤途中を刺客に襲われ、殺害されたからだ。桜並木が続く暗殺現場を歩きつつ、殺害の真相に迫る。

「西郷暗殺指令」の真相と大久保利通という男

あのとき、ここに弁慶橋がかかっていたら――。

赤坂見附の交差点を紀尾井町方面へ渡ると、旧江戸城外堀にかかる弁慶橋がみえてくる。都心でボート遊びや釣りが楽しめるスポットとして知られている。その日も二、三人が釣り糸を垂れていた。ビジネスマンらが「今日の昼めし、どこにする?」と、にこやかに話しながら筆者の脇を通り抜けていった。

そのビジネスマンらが歩いていった先には桜並木がつづいている。その並木道で明治十一年（一八七八年）五月十四日、惨劇が起きた。当時、明治新政府で参議兼内務卿という重職にあり、事実上の宰相として敏腕をふるっていた大久保利通が不平士族らに襲撃され、惨殺されたのである。

当時、外堀に弁慶橋（大工の棟梁の名にちなむ）がかかっていなかった。十一年後の明治二十二年（一八八九年）にようやく架橋され、それまで紀尾井町側と赤坂側の住民らは遠く迂回して行き来していたから、便利になって住民に大変喜ばれたという。逆にいうと、それまで紀尾井町方面の道は、ほとんど人通りがなかった

ことを意味している。

その日、大久保は赤坂仮御所（現在の迎賓館）でおこなわれる太政官会議、いまでいう閣議に出席するため、霞ヶ関三年町の自宅を馬車で出た。その出勤途上、紀尾井坂近くで草むらに潜んでいた不平士族六人に襲われるのだが、もし弁慶橋がかかっていたら、いまのように人でにぎわい、おそらく周囲の状況も変わっていたであろうから、兇徒らは待ち伏せする場所を探すのにも苦労したであろう。そのことが大久保に禍《わざわい》した。

Ⓐ 弁慶橋を渡って紀尾井町方面へ

甲東先生――尊敬をこめてそう呼ばれる大久保だが、鹿児島県出身の人に聞くと、意外に人気がないという。

「どうしてでしょう?」

「西郷《せご》どんをこん世から葬り去った人じゃってな」

盟友であるはずの西郷隆盛をこの世から葬り去ったというのは穏やかではない。

ただ、西郷が新政府内で大久保らと対立して参議を辞した後、西郷が鹿児島へもどって私学校を開き、そこが不平士族の巣窟のようになってしまったのは事実だ。西南戦争（一八七七年）が起きる直前、大警視川路利良《としよし》（元薩摩藩士）が少警部中原尚雄《ひさお》（同）を鹿児島へ潜伏させたが、中原は私学校側に捕らえられ、「ボウズヲシサツセヨ」という電報を押収される。ボウズは西郷を指し、その西郷を「シサツ（刺殺）セヨ」という内容の電報だったという。その川路の背後には大久保がいたとされる。

大久保が本当に西郷暗殺を意図していたかどうかはともかく、彼のシナリオどおりに私学校を暴発させ、首領に担ぎだされた西郷ごと、不平士族をこの世から葬り去ったというのが「西郷をこの世から葬り去った」という話の根拠らしい。

中原が捕縛された後、大久保は伊

藤博文（元長州藩士）に「朝廷不幸之幸とひそかに心中に笑を生じ候くらいにこれあり候」という手紙を書き送っている。私学校側が挑発に乗って暴発してくれたのは朝廷（新政府）にとって不幸中の幸いであり、心中笑みを禁じえないというのだ。しかし、その一方で大久保は、西郷が反乱軍に与《くみ》しないように説得するため、薩摩藩出身の海軍大輔・川村純義《すみよし》を鹿児島へ派遣している。

　たしかに大久保が西郷を殺したといえるし、そうでなかったともいえる。大久保の心中は複雑だったことだろう。

　ちなみに、二〇一八年五月十四日は大久保没後から百四十周年目にあたる。命日に近い五月六日に西郷が眠る鹿児島市の南洲墓地で「大久保利通公没１４０年法楽」が催される予定だったが、西郷を顕彰する市民グループが南洲墓地で大久保の法要をおこなうことに反発し、「西南之役官軍薩軍恩讐を越えての法要」として営まれた経緯もあった。

　それでは、大久保はどのような人物だったのだろうか。

　内務卿時代の部下である千坂高雅（旧米沢藩士）は大久保の暗殺から三十二年たって『報知新聞』の記者の質問に答え、「いやもう、怖くて怖くてたまらなかった」という感想を洩らしている。また、大久保が病床の木戸孝允（旧長州藩士・桂小五郎）を見舞った際、病室の近くでくだけた恰好で雑談していた伊藤博文と槙村正直（いずれも元長州藩士）は大久保の来訪を聞いて震え上がり、にわかに襟を掻き合わせ、袴の襞《ひだ》を延ばして威儀を整えたという。それだけ威厳があったのである。

大久保利通

　ところが、内務卿時代のもう一人の部下である河瀬秀治（旧宮津藩士）によると、大久保に「万事仕事は君たちに任すから力一杯やれ。その代わり責任はおれが引き受ける」といわれ、事実そのとおり、仕事で過ちを犯しても、大久保がすべて責任を取ったという。

　威厳があり、有能な部下を信じていざというときには自身が責めを負う。理想的な上司といえよう。

　また、大久保が暗殺されたとき、

たった七十五円しか貯えがなかったという話もある。

　その暗殺事件は、西郷が鹿児島の城山で自刃し、西南戦争が終結した翌年に起きている。暗殺集団、すなわちテロリストらは、石川県士族の島田一良《いちろう》・長連豪《ちょうつらひで》・杉本乙菊《おとぎく》・脇田巧一・杉村文一、島根県士族の浅井寿篤《じゅとく》の六人。彼らは大久保殺害後、その斬姦状《ざんかんじょう》を掲げて自首するが、斬姦状には「民権を抑圧し、国財を徒費させ、政府に批判的な士族らを排斥した」などという大久保の圧政が書き並べてある。

　しかし、その批判は当たらない。とくに大久保は、無職の士族たちに生活の基盤を与える士族授産政策、いまでいうなら失業対策に積極的であった。暗殺当日の朝も大久保は、自邸を訪ねてきた福島県権県令・山吉盛典（旧米沢藩士）相手に二時間ばかりも持論を滔々《とうとう》と語っている。

　それによると、明治元年から十年までは創業の時で兵事も多かったが、十一年から二十年までの次の十年が最も肝要であり、内政を充実させて民間の産業を興すのはまさにこのとき。「不肖利通もそのために内務卿の職に尽くさん」という固い決意を語っている。しかし、大久保の固い決意はこの直後、脆くも暗殺という手段によって砕かれてしまった。

北白川宮・壬生邸前の惨劇

　午前八時ごろ、大久保はフロックコートに山高帽をかぶり、二頭立ての箱馬車に乗って、霞ケ関三年町の私邸を出た。馬車の伴乗台《とものりだい》に馬丁が座り、その隣で馭者《ぎょしゃ》が手綱を取っている。馬車はいつもどおりの道を進む（次ページの地図参照）。いまの国会議事堂と議員会館の間の道を通り、国会図書館前交差点を左折してそのまま青山通りへ出て、赤坂御門（見附門）の脇を抜け、紀尾井町方面へ入る。そして、前述した桜並木のつづく通りに出て右折し、しばらくいったところで襲撃されるのである。

　その桜並木の道は江戸時代、清水谷と呼ばれた。紀尾井坂下の交差点付近から清水が湧き出していたことからくる名だ。いまでは清水谷公園前にその清水を復元した井戸がある。

　江戸時代、このあたりに紀州藩徳川家と尾張徳川家、彦根藩井伊家の中屋敷があり、紀州の「紀」と尾張の「尾」、井伊家の「井」をそれぞれ一字ずつ取って紀尾井町と呼ばれたという話はよく知られている。清水谷の通りをはさんでホテルニューオータニの敷地が井伊藩邸、東京ガーデンテラス紀尾井町（旧グランドプリンスホテル赤坂）側に紀州藩邸があった。また、紀尾井坂をはさんで井伊藩邸の北側が尾張藩邸（いまの上智大学や紀尾井ホール）だった。

問題は、大久保がこの清水谷のどこで襲撃されたかだ。通説では「清水谷にかかる石橋を渡ったあたり」ということになっている。

まだこのあたりが赤坂とは思えないほどの辺鄙な場所であったころ、湧き出た清水が道両脇の排水溝を通って外堀に流れこんでいたと考えられる。両脇の排水溝を結ぶ形で水路が通りを横断し、そこに石橋がかけられていた（地図の×付近）。その石橋を探さなければならない。

当日の大久保利通の進路を現在の地図上に記したもの（破線は推定路）

紀尾井町通りのホテルニューオータニ（左）の前を、紀尾井坂方面へ向かうタクシー。その先の横断歩道あたりが凶行現場と思われる

といっても、石橋があったのは明治初年ごろの話。もちろん、高級ホテルが建ち並び、美しく整備された現代の清水谷のどこを探しても排水溝や石橋は見当たらないが……おや、あれは――。

少し通りの先でホテルニューオータニ側の歩道から参議院議員宿舎のある歩道へと、ビジネスマンらがまるで石橋を渡るかのように行き来しているではないか！

路面に間隔をおいて幅広の白線が引かれているそれは……横断歩道だった。

その横断歩道が〝現代の石橋〟に見えなくはない。遠矢浩規氏が詳細な取材と研究にもとづき、大久保暗殺当日の状況をその著（『利通暗殺』行人社）に記録している。そこに掲載される「暗殺現場付近略図」をみると偶然も偶然。位置関係からいっても、横断歩道のあるあたりに石橋があったとみてよさそうだ。

明治の初年ごろ、いまのホテルニューオータニは公卿の壬生基修《もとおさ》邸で、その向かいには皇族の北白川宮（27ページ参照）邸があった。いずれの邸宅も通り沿いに土堤を築き、とくに壬生邸（ホテルニューオータニ側）の路肩は草むらになっていて、襲撃したテロリストの四人はそこに身を隠した。残る二人は、北白川宮邸（東京ガーデンテラス紀尾井町側）の堤下で花を摘むような素ぶりで待ち伏せしていたという。

テロリストたちは、霞ケ関の自邸から赤坂仮御所までの大久保の通勤ルートを念入りに調べ上げ、人目の少ない清水谷を襲撃場所に選んでいたのである。

暗殺を招いた「三つの不運」

大久保の乗った馬車が辺鄙な堤下の通りを進み、石橋（横断歩道）を越えた。

その刹那だった。まず、北白川宮邸側から兵児帯《へこおび》の男が二人、不意に馬車の前に躍り出てきて、一人が刀で馬の前足に斬りつけようとした。馬車はその第一刀をかわしたものの、もう一人が繰り出した一刀で制止させられた。すると壬生邸側の草むらから、上着の両袖を腹のあたりで束ねて筒袖の肌着を露わにした四人が馬車に走り寄ってきた。

馭者は一刀のもとに斬りつけられて即死し、馬丁は助けを求めて北白川宮邸へ逃げこんだ。

一人取り残された大久保は馬車の左側の扉を開けて脱出しようとしたが、頭や腰を斬りつけられ、馬車から引きずり出された（162～3ページ）。

それでも大久保は七～八歩、ヨロヨロと歩きだした。そこをテロリス

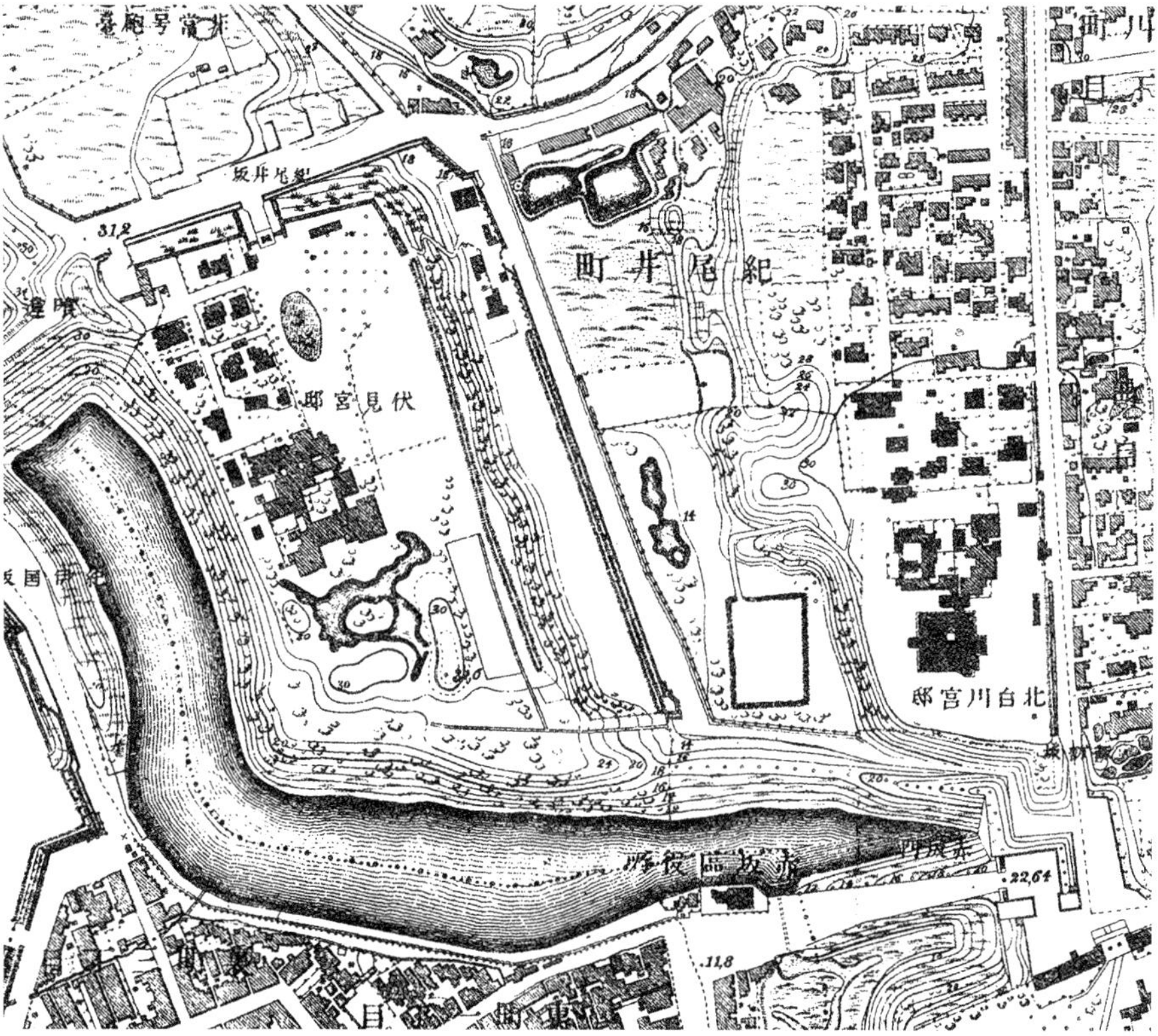

大久保暗殺の８年後の明治19年に参謀本部陸軍部測量局が作成した「東京五千分一図」に見る紀尾井町周辺。弁慶橋はまだない。ホテルニューオータニの土地は伏見宮邸になっている（京極堂 古地図ＣＤ－ＲＯＭ「東京五千分一図　第八號　東京北東部　麹町四谷及赤坂」より）

トたちはメッタ斬りにし、やがて、当時の新政府の最高実力者は絶命した。

じつはこの日、太政官会議では大久保率いる内務省所管の府県統廃合問題が話し合われることになっていた。地方制度の改革は、大久保が殖産興業とともに進めていた新政府の柱である。

しかも、彼が凶刃に斃《たお》れたのは、太政官会議がおこなわれる赤坂仮御所まで残りわずか五百メートル余りの地点だ。さぞ無念だったにちがいない。大久保が絶命したのは参議院議員宿舎前の車道だと考えられるが、そこから大久保が行きたくとも行けなかった道（157ページの地図参照）を赤坂仮御所までたどってみたい。

Ⓑ清水谷公園にある「大久保公哀悼碑」

まずは、議員宿舎裏の緑広がる空間を訪ねてみよう。清水谷公園だ。その中央に「贈右大臣大久保公哀悼碑」がある。生前の大久保がそうだったように、その哀悼碑も高層ビルをシルエットにその威をそびやかしている。哀悼碑の説明板には、大久保暗殺事件を「紀尾井坂の変」と呼んでいるとある。紀尾井坂は、公園を出て一つ目の交差点と喰違《くいちがい》門を結ぶ坂道だ。大久保が絶命した地点のおよそ二百メートル先。紀尾井坂の変というより〝清水谷の変〟と呼んだほうが正確な気がするのだが、どうだろうか。

その紀尾井坂はかなりの勾配があった。坂を上がると、旧江戸城の喰違門。防衛上の理由で直進できないように通りを意図的に食い違いにしているところからついた名だ。門そのものはないが、門両脇の土塁が残っている。その喰違門跡の土塁の上に立って外堀の向こうを望むと、迎賓館の屋根がみえる（164ページの写真参照）。大久保が行こうとして行けなかった赤坂仮御所はもうすぐだ。かえすがえすも、なぜ大久保が当時としては人気のない裏通り（清水谷）を選んだのか不思議でならない。

明治初年ごろもいまの外堀通りの元となる道が外堀沿いに通じている。

事実、新政府の高級官僚らの通勤ルートは、赤坂見附から外堀に沿う大通りを使い、赤坂仮御所へ向かうのが一般的だった。暗殺当日も、他の政府要人は、その外堀沿いの道を通っている。

大久保の馬丁は「旦那様は、赤坂見附の外は、人通りがあって危険であるし、清水谷は近くもあると申されて……」と述べている。だが、外堀沿いに進んだほうが近道のような気がする。遠矢氏（前出）は、「人ごみを避けようとしていたのかもしれない」と解釈しているが、それは、馬車が庶民の通行の妨げになることへの配慮だったのかもしれない。

大久保に対してとくに格別の思い入れをもっているわけではないが、暗殺後の日本の指導層がどうも小粒になったことを考えると、あらため

紀尾井町通りのこのあたりが凶行現場と思われる

Prudential Financial

て「あのとき弁慶橋がかかっていたら」という思いを強くもった。

弁慶橋がかかっていなかったことが第一の不運だとすると、第二の不運は、当時、江戸時代に紀州藩邸だったところに仮御所が置かれていたことだろうか。

喰違門の土塁の上から赤坂迎賓館方面を望む

明治の初めに旧江戸城の西ノ丸御殿が焼失し、旧紀州藩主徳川茂承《もちつぐ》が旧藩邸の土地を皇室に献上した。そしてそこに仮御所が置かれた。それが赤坂仮御所である。太政官もその仮御所内に置かれていた。もしも西ノ丸御殿が焼失しなければ、状況はまた変わったものになったであろう。

ちなみに、中世のころ、いまの迎賓館（旧赤坂仮御所）のある高台はアカネ山と呼ばれていた。茜が群生する山だったからだといわれるが、そのアカネ山にのぼる坂がアカ坂。赤坂の地名の由来になった坂道だ。

江戸時代、いまの外堀通り沿いの土地を紀伊徳川家がたまわり、紀州藩邸となったため、赤坂は紀ノ国坂と呼ばれるようになり、赤坂という地名は残ったものの、坂の名は消滅した。紀ノ国坂のあたりの町名を「元赤坂」というが、そのあたりにその間の事情が滲み出ている。

さて、不運が二つ重なった結果が日中の惨劇が引き起こしたわけだが、大久保の最大の不運は、この日の夕刻、清国公使の招きに応じる予定になっていたことだろう。いつも携帯している短銃を人に預けていたので、テロリストらに襲撃された際、抵抗すらできなかったのである。

最後に喰違門跡の土塁の上から、その日、大久保が通りたかったであろう紀尾井坂方面を振り返った。二頭立ての箱馬車に乗り、フロックコートに山高帽の大久保が颯爽《さっそう》と姿を見せたような気がしたが、もちろん、幻であった。

浅草 ❖ 凌雲閣の幻影を仰ぐ

「吉原の遊女が高欄に手をかけ、客を手招きしてるぞ」「そこまで見えるのかよ。おい、俺にも見せろ」と、大正時代の男性諸氏が望遠鏡を取り合いしたという当時の高層タワー。煉瓦造り十二階建ての最上階からの眺めはどんなものだったのだろう……。

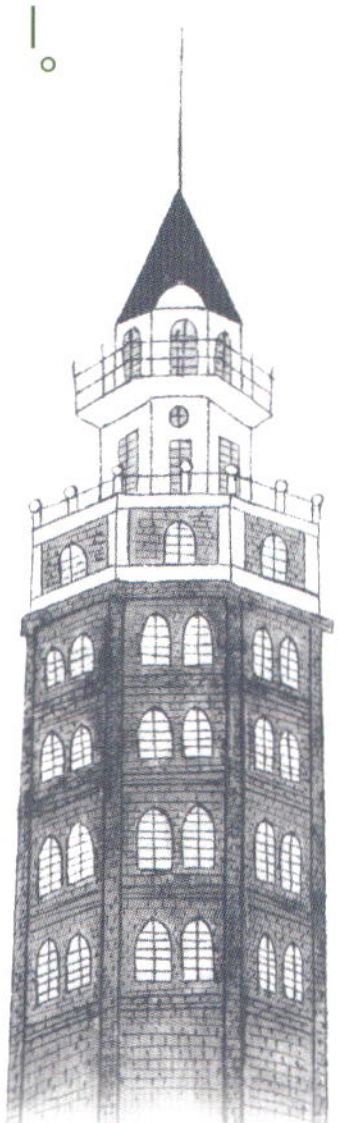

〝行列のできる煉瓦〟を求めて……

二〇一八年二月十三日（火）、筆者が主宰する町歩きの会の幹部から携帯にＬＩＮＥ（ライン）が送られてきた。

「浅草十二階の遺構が発見され件で、現場に行くと遺構の煉瓦もらえるそうですよ」

え、発見された件？――。

浅草十二階の遺構が発見されたという話そのものが初耳だった。

調べてみたら、三日前（十日付）の新聞で報じられていた。その記事を見逃したのは何とも迂闊《うかつ》だった。以下、新聞記事を全文引用する。

《明治から大正期にかけての日本で最も高い建築物で、関東大震災で半壊し解体された「凌雲閣」の基礎部分とみられるれんがと、八角形のコンクリートの土台の一部が、東京都台東区浅草二のビル工事現場で掘り起こされた。「話には聞いていたが、初めて見た」と街の話題になっており、工事の柵越しにスマートフォンで撮影する人もいる。

九日に現地で記録、測量をした区教育委員会の文化財調査員によると、同様のれんがは一九八一（昭和五十六）年にも近くの建設工事現場で出てきた。当時の記録と対応し、今回も「凌雲閣の可能性が高い」としている。

凌雲閣は、一八九〇（明治二十三）年に建設された十二階建て、高さ五十二メートルの塔で、「浅草十二階」の愛称で親しまれた。展望台から東京が一望でき、日本初の電動式エレベーターが設置された。一九二三（大正十二）年の関東大震災で半壊し、地上部分は取り壊された。

調査員によると、文化財の扱いではなく、れんがの状態もあまりよくないことから、工事はこのまま進められそう。大正ロマンが見られるのも残りわずかなようだ》　（東京新聞）

残りわずかだって？

ネットで調べてみると、たしかに「現場で浅草十二階の煉瓦を配っている」という情報が拡散されていた。

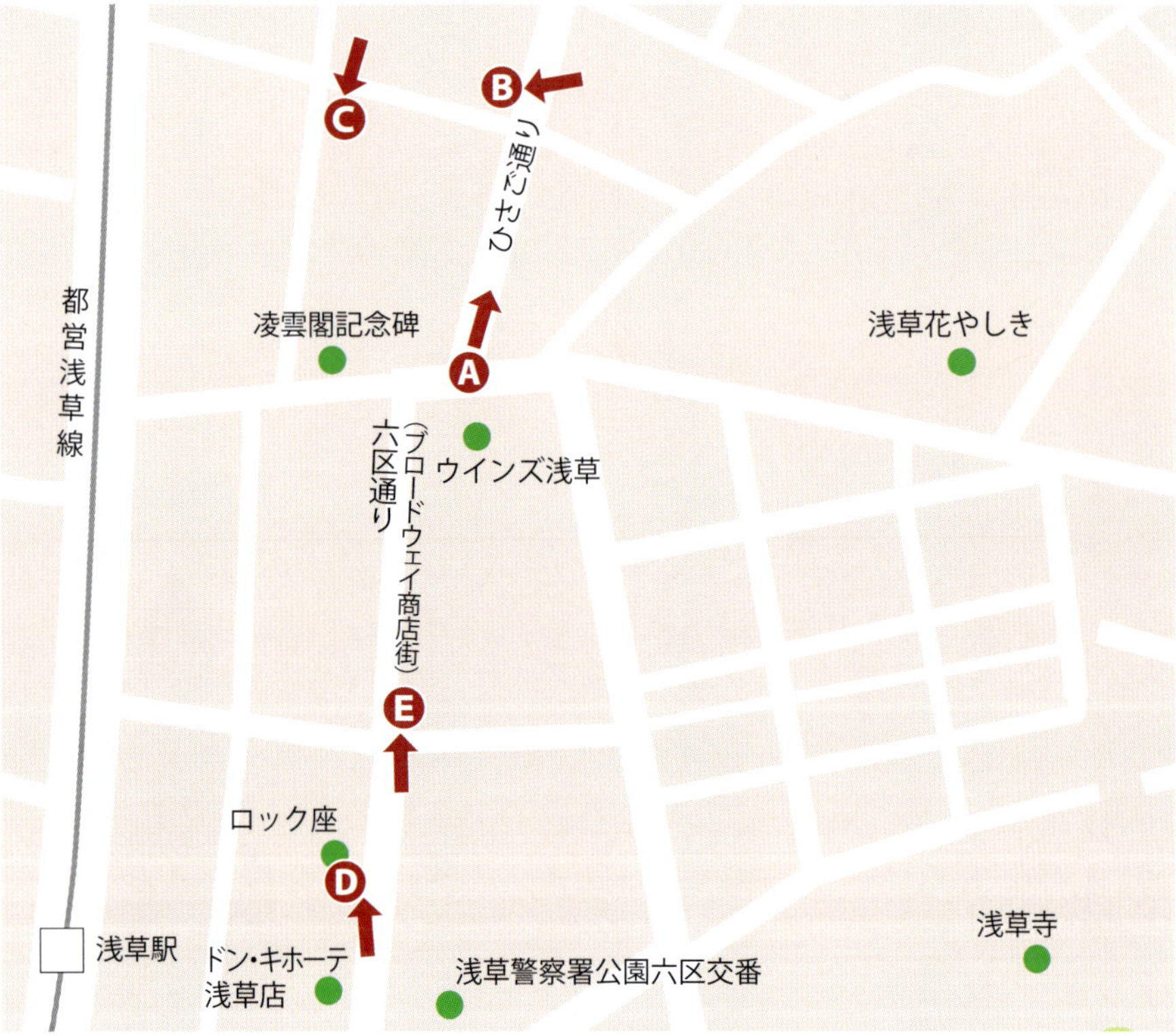

「これはなんとしても行って煉瓦をゲットしなければ――」

だが、原稿の締め切りが迫っている。少なくとも、明日までは身動き取れない。

二日後の十五日（木）になった。原稿はあげたものの、こういう時に限って次から次へと所用が入り、浅草に到着したのは夕方だった。

発掘現場の場所はわかっている。「浅草ＲＯＸ」前の六区（ロック）通りを早足で現場へ向かった。

実際に凌雲閣が建っていた時代の地図（下）でご説明しよう。明治四十二年（一九〇九年）の地図（大日本帝国陸地測量部作成）だ。まず、「常盤座」と書かれた付近の交差点を探していただきたい（地図の◉印）。現在、交差点の北西角に『ドン・キホーテ浅草店』、北東角に『リッチ

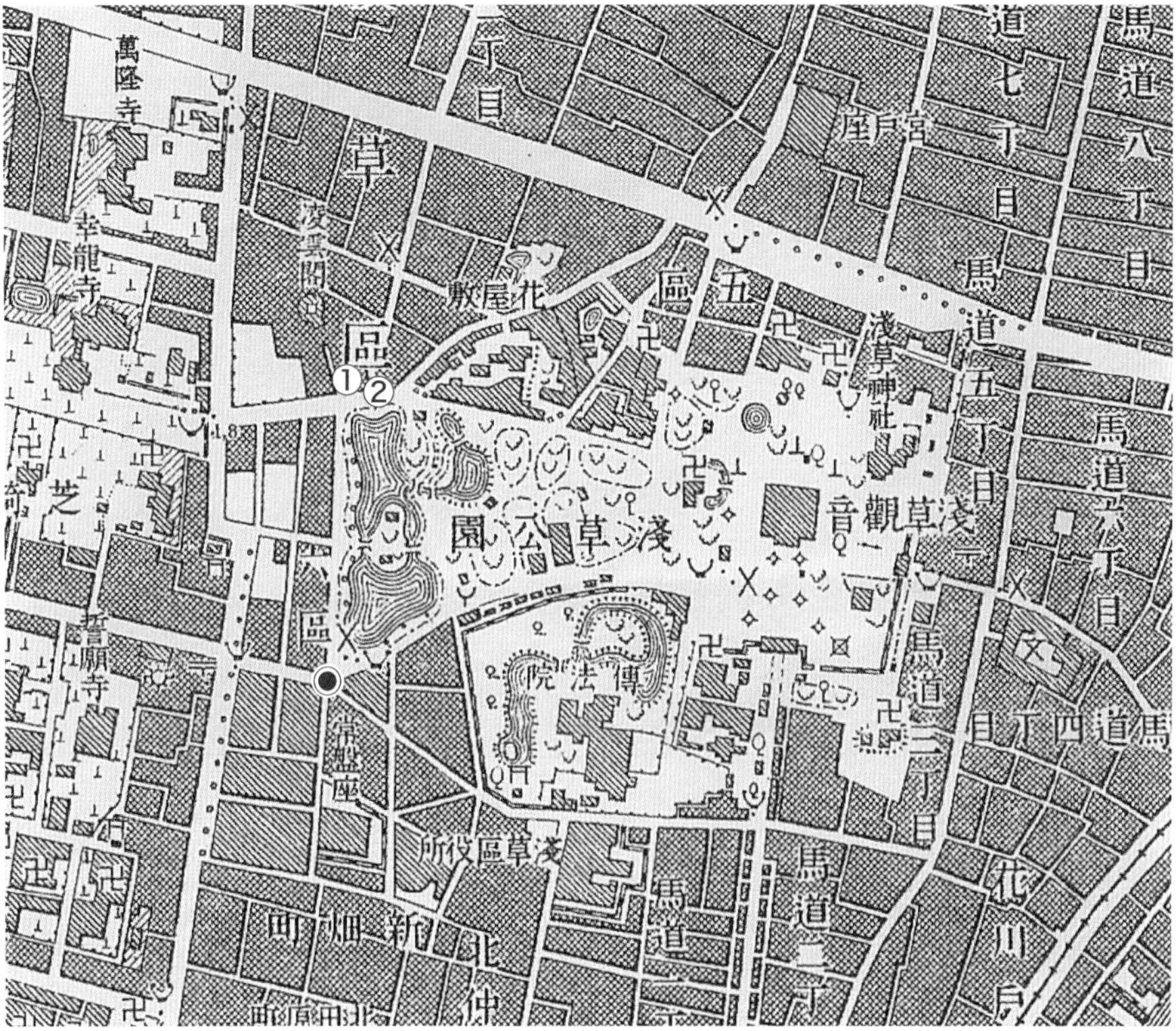

モンドホテルプレミア浅草インターナショナル』があり、伝法院通りやホッピー通りが合流してにぎわうところだ。その先、「六區」と旧字で書かれた右手に池が描かれているのがお分かりいただけよう。池の名は、見たまんま。ひょうたん池という。「浅草公園」とも書かれている。

　前述したリッチモンドホテル、その北側の「ウインズ浅草ビル」の区画がそっくりそのまま池を中心とする空間になっていたのだ。どうしてそんなところに忽然《こつぜん》と大きな池が現れたのかは後述するが、凌雲閣の現役時代、ひょうたん池越しのカットがいくつか名所絵葉書になっている。明治・大正のころ、ひょうたん池の東南隅から撮影した絵葉書――すなわち、池の背景に凌雲閣をあしらったカットが人気だったのだろう。

　当時、建ち並んでいた娯楽館を左にみて六区通りを進むと、ひょうたん池の向こうに「花屋敷」が見えてきたはずだ。いまもおなじところに『浅草花やしき』があって、スペースショットという絶叫アトラクションがタワーのように聳《そび》えている。地上六十メートルまで一気に上がり、すぐさま急降下するという高所恐怖症の筆者には絶対乗れないアトラクションだが、高さ五十二メートルあった凌雲閣と近い高さだから、明治・大正のころの「日本一のタワー」の高さを実感するにはいいのかもしれない。

　花屋敷は昭和二十四年（一九四九年）に遊園地になるまで、明治初年ごろより、さまざまな遊戯施設が置かれ、訪れる人を楽しませていた。珍鳥・猛獣ショーなど何でもござれ。花屋敷は幕末に菊細工などを主とした花園としてスタートしたのがそのはじまりだという。

　明治・大正時代には、六区通りがそのまま凌雲閣の下へとつづいていた①。いまの六区通りはパチンコ店（『浅草東映』跡）につきあたる。その

Ⓐひさご通り商店街

パチンコ店の前に、凌雲閣史跡保存の会が設置した「浅草凌雲閣記念碑」がある。ただ、実際に建っていたところとは微妙にちがう。

六区通りがT字交差したあたりで右斜めに目を向けるとアーケード商店街が見える。ひさご通り商店街という。明治の地図にも掲載されている②。いかにも大衆食堂という雰囲気の店があったり、路地裏に簡易ホテルがあったりして昭和ムード漂う商店街だ。

商店街のなかほどにすき焼きの『米久《よねきゅう》本店』がある。すき焼きというより牛鍋というべきだろう。明治の初めに日本で牛鍋が流行《はや》ったころからつづく老舗《しにせ》だ。

「ドーン」

客が中に入ると、店の人が太鼓を慣らし、出迎えてくれる。筆者が初めて行ったときにはその音に驚かされた。映画ファンには風間杜夫・片岡鶴太郎ら主演の『異人たちの夏』（一九八八年公開）のロケ地といったほうが分かりやすいかもしれない。

『米久本店』の角（手前側）を曲がり、まっすぐ行って次の辻との角。黒と黄がストライプになった遮蔽物、工事現場でおなじみのガードフェンスで囲われた一角が見えてくる。

凌雲閣の遺構が発掘された工事現場だ。敷地は小ぶりな飲食店くらいの大きさしかない。

まずは、ガードフェンス越しに撮った写真（次ページ上の写真）をご覧いただきたい。掘りかえした敷地内の右奥に見える煉瓦が凌雲閣の基礎部分のそれにあたる。煉瓦とともに発掘されたコンクリートの土台部

Ⓑ「米久本店」。この角を曲がった先に凌雲閣があった

凌雲閣の遺構の発掘現場

凌雲閣の煉瓦

分には土が被せられていた。建物全体が八角形に造られており、現場で見つかった土台はその一部ということになるが、発掘された部分から推し測っても土台そのものはそれほど広くない。凌雲閣の内部は直径およそ十一メートル。建坪三十七坪だった。

写真を撮り終えた筆者が作業員の一人に近づいて尋ねてみた。

「あのう、ネットで煉瓦を配っているという話を聞いてやって来たんですけど……」

夕方のことだ。おそらく一日の作業を終えたばかりだったのだろう。汗をふきふき、

「ああ、煉瓦ね。たまたま通りかかった人に配ったら、ネットで噂がわーっと広がったみたいだね。このまえなんか、百人くらいの行列ができていたよ」

「え、そんなに？」

「ああ。物好きな人がけっこういるんだね」

筆者もその物好きの一人だが……。

「それで煉瓦は？」

「もう配れる煉瓦はみんな配っちゃったからね。来るのが遅かったね」

残念だが、やむをえない。作業員に礼をいって、また、フェンスにかじりついた。煉瓦をもらえないのなら、せめてこの現場を目に焼き付けておくしかない。もしかしたら、そんな筆者の後ろ姿が作業員の同情を買ったのかもしれない。しばらくすると背中を叩かれた。

「じつはひとつ、取っておいたんだ。そんなに欲しいのならあげるよ」

「本当ですか！」

こうして手に入れた煉瓦がこの写真（右ページ下の写真）。もちろん、現場でも礼を述べたが、あらためてここで作業員の方に感謝申し上げたい。

それにしても、〝行列のできる煉瓦〟というのは、ただごとではない。

凌雲閣は取り壊された後も、荒俣宏氏原作の『帝都物語』（一九八八年公開）はじめ、なんども映画の舞台となった。最近ではＮＨＫ大河ドラマ『いだてん』にも登場している。だからなのかもしれない。

色仕掛けで楊枝を売る町 浅草と十二階からの眺め

では、凌雲閣はどのようなものだったのか。開業当時の広告に参考文献の情報を加えて、館内を疑似体験ツアーしてみようと思う。だが、その前に、江戸から昭和の初めにかけ、庶民を引き寄せてはなさなかった浅草の歴史を足早にたどってみたい。

歴史の中心はやはり浅草寺。雷門門前の広小路（火除け地）からいまの駒形橋西詰まで伸びる並木町通りの両側には定食屋が並び、江戸っ子の胃袋を満たしていた。雷門から仁王門までの間には仲見世。こちらはお土産物がズラリ。

また、浅草寺本尊のご開帳（御前

立）の際、参拝客をあてこんで奥山といわれる浅草寺裏（花やしき付近）に軽業師・居合抜き・奇術などの見世物小屋が立ち並んだ。ご開帳が終わっても人足は絶えず、浅草奥山は江戸随一といってもいい娯楽の町となってゆく。ちなみに、当時の人たちは房楊枝を歯ブラシ代わりに使っていたことから奥山には楊枝屋が多かった。だが、そこはそれ、娯楽の町。ただの楊枝屋ではない。それぞれの店が看板娘を揃えて競い合った。いわば色仕掛けで楊枝を売っていたのだ。とくに浅草奥山・柳屋のお藤という娘はたいそうな美人だったそうだ。こうして浅草が明治・大正のころに大衆娯楽の街、興行の街となる下地ができた。

　維新後の明治十六年（一八八三年）、広大な火除け地となっていた浅草寺西側の田圃を掘って、掘りだした土で街区を造成した。その造成地全体を「浅草公園」として指定し、街区を一区から六区にわけた。ちなみに、ひょうたん池のある街区は四区、花屋敷は五区、そして興行街が六区である。

　そんな浅草に凌雲閣が開業するのは明治二十三年（一八九〇年）。「有限責任会社凌雲閣」が浅草区に届け出た書類によると、資本金は三万円。株主名簿の筆頭には新潟県出身の豪商福原庄七の名があがる。彼が創業者ということになろう。福原氏の関係で出資者にはやはり、新潟の人が多い。凌雲閣は、新潟の人が首都東京に建てた〝明治・大正のランドマーク〟だったのである。

　じつは当時、大阪にも「凌雲閣」があった。〝にも〟という言い方はあたらないかもしれない。浅草のそれより一年早く明治二十二年、大阪キタの茶屋町に誕生した凌雲閣は、木造九階建て・高さ三十九メートルだった。文明開化の時代、高層の展望台建設がブームになっており、大阪ミナミにも五階建ての展望台「眺望閣」があった。ミナミの眺望閣が「ミナミの五階」と呼ばれたのに対して、キタの凌雲閣は「キタの九階」といわれた。

　のちに「浅草十二階」と呼ばれる凌雲閣がそれらを意識して誕生したのは間違いない。キタの凌雲閣は

一・二階こそ五角形だったが、三階から八階までは八角形。九階に丸屋根の展望台を載せていた。浅草の凌雲閣が八角形という特殊な姿で建築されたのも、キタの凌雲閣を意識してのことであったろう。ただし、キタが木造建築なのに対して浅草は八階までは煉瓦造り。十一階と十二階だけが木造だった。何より特徴的なのは日本初のエレベータがあったことだろう。

日本人のエレペートル体験

それではいよいよ、浅草の凌雲閣に入場してみるとしよう。

入口で入場料の八銭を払い、下足番に履物を預ける。正面の階段で二階にあがると、いまでいうエレベータホール。

開業当時の広告には、

「日本未曽有のエレペートル（エレベータのこと）と称する安全の昇降室を備へ電気力に依りて登楼の客を一室のまま第八階まで引上げ婦人小児と雖も少しも驚き恐るることなく安全迅速にして雲中まで引上る痛快」

とある。そのエレペートルという昇降室は二基あって「乗合馬車のごとく」といわれた。生まれて初めてエレベータを見た明治の人たちはまず、その昇降室なるものに驚いたのだ。

エレベータの速度は驚くほど遅い。八階に上がるまでおよそ二分もかかっている。広告では八階を「ステーション」と称しており、九階から上へは中央の螺旋階段を上がることになるが、九階には古今美術品の珍品奇品が陳列され、十階から十二階が展望台だ。十階の展望台では一銭で双眼鏡が貸し出されている。そこからの眺めが気になるところだが、まずは下りをご紹介しておこう。

八階の「ステーション」からは、エレベータのまわりに取り付いている螺旋階段を使う。各階にはいまの「キオスク」くらいの広さの店が七〜八軒ほど入っていたようだ。広告に「甲室は英国に遊ぶごとく乙室は佛国に遊ぶごとく」とあって、イギリスやフランスをはじめ、各店では外国の商品が販売されていたという。

広告にいわく、

「登楼の客は昇るにはエレペートルに乗り一飛して雲に入り降りには世界の文明国を漫遊しつつ各階の螺旋階を緩歩し……」

これが会社側の〝売り〟だったの

だろう。とはいっても、客が期待するのはやはり十二階からの眺めだ。何しろ高い建物が何もない時代の話だ。東京全市を俯瞰でき、家屋がひしめきあっている光景から品川あたりの海まで一望できた。双眼鏡を覗きこむと、新吉原遊郭内もよく見えた。

「美人の遊女が高欄に手をかけ、客を手招きしてるぞ」

「そこまで見えるのかよ。おい、俺にも見せろ、早く代われ！」

そんなこんなで開業当時はよく賑わった。

鳥籠になった凌雲閣と「十二階下の女たち」

凌雲閣のエレベーターは電力普及のために東京電燈（のちの東京電力）が設置したものだったが、たびたび故障を起こし、ついに開業後わずか半年あまりで操業停止となった。エレベーターが〝売り〟のひとつであったわけだから、こうなると、パレードのない東京ディズニーランドのようなものだろうか。これでは客足が遠のいてしまう。そこで会社側は抜群の企画を考えだした。「百美人」である。

都内の花柳界から美人の芸妓ばかりを選び、同じアングルで写真を撮る。その写真を四階から七階までの閣内に掲げ、誰が一番美人か、投票してもらうという企画だ。美人コンテストである。これがうけた。

しかし、長くやると客に飽きられてしまう。展望台からの眺めもそう

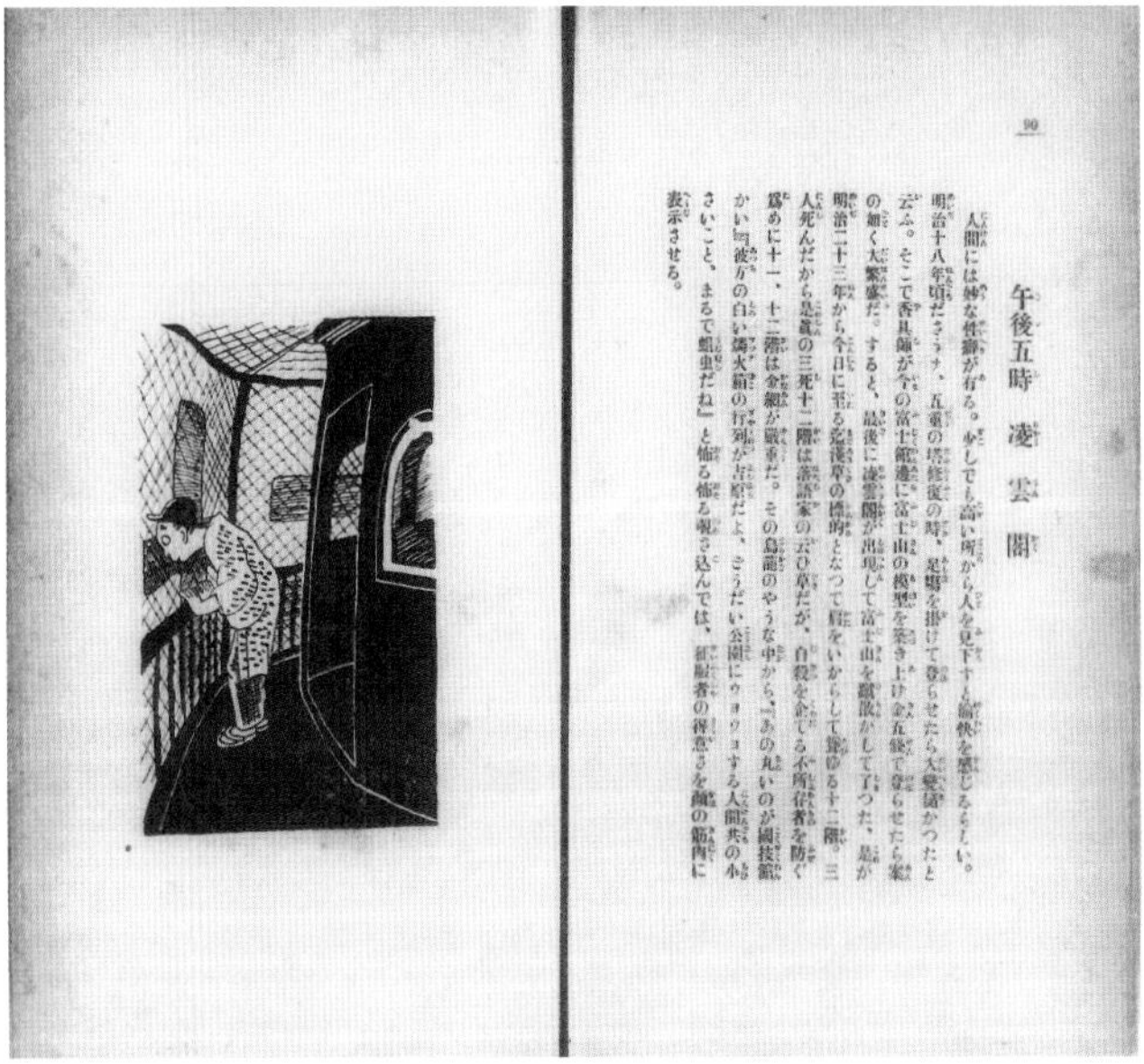

90

午後五時　凌雲閣

人間には妙な性癖が有る。少しでも高い所から人を見下すと愉快を感じるらしい。明治十八年頃ださうナ、五重の塔修復の時、足場を掛けて登らせたら大變儲かつたと云ふ。そこで香具師が今の富士館邊に富士山の模型を築き上げ金五錢で登らせたら案の如く大繁盛だ。すると、最後に凌雲閣が出現して富士山を蹴散かして了つた。是が明治二十三年から今日に至る元淺草の標的となつて粧をいからして聳ゆる十二階。三人死んだから是義の三死十二階は落語家の云ひ草だが、自殺を企てる不所存者を防ぐ爲めに十一、十二階は金網が嚴重だ。その鳥籠のやうな中から、「あの丸いのが國技館かい」「彼方の白い燐火箱の行列が吉原だよ」、きうだい公園にウヨウヨする人間共の小さいこと、まるで蛆虫だね」と怖る怖る覗き込んでは、征服者の得意さを顔の筋肉に表示させる。

吉岡鳥平の漫画『甘い世の中』

だ。いまなら東京の街はめまぐるしく変わり、どの展望台から眺めても行くたびにちがう表情を見せてくれる。しかし、明治・大正のころには変化がない。だから人足が遠のいていった。エレベーターが大正三年（一九一四年）に復活しても開業当時の勢いはもどらなかった。

逆にその高さゆえ、展望台から飛び降り自殺を図る者が現れた。その対策のために展望台には転落防止用の金網がもうけられた。大正時代の有名な漫画家・吉岡鳥平が大正十年（一九二一年）刊行の『甘い世の中』で、こんな漫画を描いている（右ページ）。

まるで鳥籠だ。吉岡はその漫画に合わせ、

「その鳥籠のやうな中から『あの丸いのが国技館かい』『彼方《あっち》の白い燐寸《マッチ》箱の行列が吉原だよ、どうだい公園にウヨウヨする人間共の小さいこと、まるで蛆虫だね』と恐る恐る覗き込んでは、征服者の得意さを顔の筋肉に表示させる」

ロック座

という文を寄せている。公園というのはおそらく、ひょうたん池のある園地をさしているのだろう。文中、吉岡は自殺者が三人でていることに触れ、三人死んだから〝三死十二階〟という落語家のダジャレを載せている。とんだ評判になったものである。

吉岡がそう皮肉った二年後の九月一日、関東大震災で凌雲閣は三十余年の〝生涯〟を閉じた。

一方、凌雲閣の「下」でもさまざまな人間ドラマが繰り広げられた。いわゆる「十二階下の女」たちの物語である。小説家を志して上京してきた俳人の石川啄木がしばし足を運んだのが、その私娼窟だった。

江戸時代、芝居小屋が立ち並び、あるいは色仕掛けで楊枝を売っていた浅草奥山の雑多な流れをくみ、明治のはじめごろ、花屋敷の裏あたりに楊弓場、いわゆる矢場がたくさんできた。その名のとおり、弓で遊ばせる店だが、そのじつ、「矢取り女」と呼ばれる女がいて、彼女たちは体を売っていた。その矢場が警察に取り締まれるようになると、銘酒屋という形態のフーゾク店が生まれた。銘酒を売っているという建前で看板をあげているものの、言い訳がましく数本の酒が並べているだけで、白粉を塗りたくった女たちが客を取っていた。

いまでも大阪・新世界近くの飛田新地（大正時代に飛田遊郭があった）に「ちょんの間」と呼ばれる業態の店があり、表向きには料亭として営業している。ちなみに、新世界には通天閣がある。よって、飛田新地の女たちは「通天閣下の女」ということになるのだろうか。

さて、本書では、源義家が奥州出陣の際に坂東武士を勢揃いさせたシーンにはじまり、歴史の名シーンをいろいろと透かし見てきた。最後に筆者が見てみたいと思ったのは、六区から眺める凌雲閣の雄姿だ。六区通りの中心、ドン・キホーテやリッチモンドホテルのある交差点までもどってみた。

明治・大正のころはここから凌雲閣が見えたはずだが、いまではビルが視界をさえぎり、凌雲閣のあったあたりを見通せない。『ロック座』を左に見て進む。

見世物小屋の大盛館。写真右手に凌雲閣が見える。

「見える、見える！」

『ロック座』の並びの先、六区通りの北の端にあたる一画が白いフェンスで囲まれていた。工事でそこにあった建物が取り壊され、視界が開けて凌雲閣方面が丸見えになってい

Ⓔウィンズ浅草付近の六区ブロードウェイ

るのだ。白いフェンスで囲われた区画は明治時代、玉乗り曲芸などの興行で有名になった大盛館があったところだ。そのころ、人々で賑わう大盛館前を撮った写真（右ページ）の背景に、凌雲閣の下半分が映っている。

次に、上の写真をご覧いただきたい。

白いフェンスの奥に中層マンションが建っているのがお分かりいただけよう。ひさご通り商店街（前出）にある牛鍋『米久』の角を左に曲がった路地の右側に建つマンションだ。筆者が煉瓦をもらった凌雲閣跡の工事現場はその路地の左手にある。微妙に場所はずれているものの、ほぼ凌雲閣と同じところに建つマンションといってもいい。十一階建てのマンションだ。高さもちょうどい

すき家
特別興行
カツ丼
490円
牛丼

浅草パークホールビル
不如帰
かつや

い。このマンションを凌雲閣に見立てることができる。しかし――。

やはりそれでは満足できない。興行街としてにぎわっていた明治の末ごろの六区通りと凌雲閣。田舎から〝花の都東京〟へ上京してきた明治の人たちが、にぎわう小屋の幟や看板に目を奪われつつも、ふと顔を上げればそこに凌雲閣が聳え立つ。そんな光景を見てみたいのだ。

まずは大勝館。曲芸小屋としてスタートし、明治四十年代に活動写真館（のちの映画館）となった。ドン・キホーテのビルや『ロック座』が大勝館跡にあたる。大勝館の先に清遊館、前出した大盛館が並んでいる。活動写真館が続々と浅草に誕生し、そのころ、凌雲閣の人気が活動写真に奪われだす。そして、六区をそぞろ歩く明治・大正のころの人々の視線の先には……（178～9ページ）。

ところで、さきほどつい筆が滑ってしまい、「興行街としてにぎわっていた明治の末」と書いてしまったが、もちろん、そのあとも六区のにぎわいはつづく。関東大震災以降も映画はもとより、オペラやレビュー、大衆演劇などの劇場が相次いで六区に誕生している。

戦後にはより大衆色が増し、浅草六区で活躍した芸能人には、喜劇人のエノケンこと榎本健一やロッパこと古川緑波、演劇人の水の江滝子、そして渥美清や萩本健一、ビートたけしと、錚々《そうそう》たる顔触れが挙げられる。高度経済成長時代には新たに台頭した山の手の渋谷や新宿に客を奪われ、低迷する時代もあった。しかし、いまや平日休日を問わず、大勢の外国人が訪れ、浅草の街は活況を呈している。

筆者も町歩きの会の会員に誘われ、なんどか復活したレヴューを見たことがある。『虎姫一座』という。女性中心の一座で、宝塚ばりといったらいいのだろうか。かつて大勝館のあったドン・キホーテのビルで昭和歌謡のレビューを公演していた（二〇一九年現在、活動休止中）。

そして明治・大正のころのランドマークだった凌雲閣に代わり、興行街として復活しつつある浅草を見守るのは、スカイツリー。筆者はいちども昇ったことはないが、その展望台からの眺めは凌雲閣の時代と比べものにならないだろう。

興行街とタワーの組み合わせはいまも健在なのである。

【参考文献】（文中に掲載した文献は除く）

❖勢揃い坂
高橋崇著『蝦夷の末裔』（中央公論社）
安田元久著『源義家』（吉川弘文館）
拙著『道で謎解き合戦秘史』（双葉社）

❖高輪原
拙著『道で謎解き合戦秘史』（双葉社）

❖茶屋坂
三遊亭兼好監修『らくご絵手帖』（カンゼン）

❖本郷・駒込
高橋圭一著「八百屋お七とお奉行様」（『江戸文学』二〇〇三年）

❖本所松坂町
山本博文著『これが本当の「忠臣蔵」』（小学館）

❖吉原
矢田挿雲著『江戸から東京へ』第六巻
永井義男著『図説　吉原入門』（学研）

❖小塚原
片桐一男訳注『蘭学事始』（講談社）
同著『杉田玄白』（吉川弘文館）
石出猛史著「江戸の腑分と小塚原の仕置場」（『千葉医学』二〇〇七年）
荒川区教育委員会・荒川区立荒川ふるさと文化館編『杉田玄白と小塚原の仕置場』（荒川区教育委員会）

❖赤坂
松浦玲著『勝海舟と西郷隆盛』（岩波書店）

❖千駄ヶ谷池尻橋
釣洋一著『沖田総司の手記』（新人物往来社）
新人物往来社編『沖田総司のすべて』（同）

❖上野
加来耕三著『真説上野彰義隊』（NGS）
菊池明著『上野彰義隊と函館戦争史』（新人物往来社）

❖紀尾井坂付近
俵元昭著『港区の歴史』（名著出版）

❖浅草
細馬宏通著『浅草十二階』（青土社）
佐藤健二著『浅草公園凌雲閣十二階』（弘文堂）
拙著『古地図で謎解き　江戸東京「まち」の歴史』（双葉社）

おわりに

台風がまさに来るという時間帯に、あとがきを書きませんか？というメールを頂いた。心細かったのでとてもうれしかった。思わず書きますと返事をした。災害の多い日本で私が今生きているのは、そこを乗り越えた先人たちがいるからである。この本では、関東大震災でなくなった凌雲閣がとりあげられている。

私が歴史物、時代物を描いていて一番大切にしていることは、今、現代とのかかわりである。歴史を学ぶことは今とつながっていると思う。この本ではそれを現在の場所と比べることを通して考えることができる。

跡部蛮先生の導きで描いた十二場面。こんなところであんなことが！そこから、一体なにが見えたんだろう？　その時の気温は？　天気は？

この本を持って町に出てみてください。あなたの立っている場所で何が起こったのかを想像してみてください。そしてあなたはそこでなにを感じますか？

瀬知エリカ

【著者紹介】

文▶跡部 蛮（あとべ・ばん）

歴史作家・歴史研究家／博士（文学）。1960年大阪市生まれ。佛教大学大学院文学研究科（日本史学専攻）博士後期課程修了。出版社勤務などを経てフリーの著述業に入る。古代から鎌倉・戦国・江戸・幕末維新に至る日本史全般でさまざまな新説を発表。週刊誌の連載や単行本刊行のほか、テレビのコメンテーターや各種講座の講師、さらには古地図を持って街歩きする「江戸ぶら会」を主宰する。

『世界史から解読する日本史の謎』（ビジネス社）、『戦国武将の収支決算書』（同）、『明智光秀は二人いた！』『「道」で謎解き合戦秘史　信長・秀吉・家康の天下取り』『古地図で謎解き　江戸東京「まち」の歴史』（いずれも双葉社）ほか著書多数。

江戸ぶら会のHP　https://edobura.com/

絵▶瀬知エリカ（せち・えりか）

イラストレーター、国際墨画会師範。1975年福岡県生まれ。日本大学農獣医学部林学科、セツ・モードセミナー、ＭＪイラストレーションズ卒業。和物、時代物、歴史物。時代小説、歴史関連本など書籍の装画、web、ポスターなどを多数手がける。趣味は小唄、三味線。

http://sechierika88.com

江《え》戸《ど》東京《とうきょう》透視《とうし》図絵《ずえ》

本体価格……一九〇〇円
発行日………二〇一九年一一月一八日　初版第一刷発行

著者…………跡部《あとべ》　蛮《ばん》（文）
瀬知《せち》エリカ（絵）

発行者………柴田理加子
発行所………株式会社　五月《ごがつ》書房新社
東京都港区西新橋二―八―一七
郵便番号　一〇五―〇〇〇三
電　話　〇三（六二六八）八一六一
FAX　〇三（六二〇五）四一〇七
URL　www.gssinc.jp
デザイン……山田英春
地図作成……石井裕一（三月社）
写真撮影……大杉輝次郎
企画／編集……片岡　力
印刷／製本……株式会社　シナノパブリッシングプレス

〈無断転載・複写を禁ず〉
© Ban Atobe & Erika Sechi, 2019, Printed in Japan

ISBN: 978-4-909542-25-0 C0025